Céline Who

Tribulations d'une nana 2.0

Céline Who

Tribulations d'une nana 2.0
Amour, sexe, doutes et réflexions

Bloggingbooks

Impressum / Mentions légales
Bibliografische Information der Deutschen Nationalbibliothek: Die Deutsche Nationalbibliothek verzeichnet diese Publikation in der Deutschen Nationalbibliografie; detaillierte bibliografische Daten sind im Internet über http://dnb.d-nb.de abrufbar.
Alle in diesem Buch genannten Marken und Produktnamen unterliegen warenzeichen-, marken- oder patentrechtlichem Schutz bzw. sind Warenzeichen oder eingetragene Warenzeichen der jeweiligen Inhaber. Die Wiedergabe von Marken, Produktnamen, Gebrauchsnamen, Handelsnamen, Warenbezeichnungen u.s.w. in diesem Werk berechtigt auch ohne besondere Kennzeichnung nicht zu der Annahme, dass solche Namen im Sinne der Warenzeichen- und Markenschutzgesetzgebung als frei zu betrachten wären und daher von jedermann benutzt werden dürften.

Information bibliographique publiée par la Deutsche Nationalbibliothek: La Deutsche Nationalbibliothek inscrit cette publication à la Deutsche Nationalbibliografie; des données bibliographiques détaillées sont disponibles sur internet à l'adresse http://dnb.d-nb.de.
Toutes marques et noms de produits mentionnés dans ce livre demeurent sous la protection des marques, des marques déposées et des brevets, et sont des marques ou des marques déposées de leurs détenteurs respectifs. L'utilisation des marques, noms de produits, noms communs, noms commerciaux, descriptions de produits, etc, même sans qu'ils soient mentionnés de façon particulière dans ce livre ne signifie en aucune façon que ces noms peuvent être utilisés sans restriction à l'égard de la législation pour la protection des marques et des marques déposées et pourraient donc être utilisés par quiconque.

Coverbild / Photo de couverture: www.ingimage.com

Verlag / Editeur:
Bloggingbooks
ist ein Imprint der / est une marque déposée de
OmniScriptum GmbH & Co. KG
Heinrich-Böcking-Str. 6-8, 66121 Saarbrücken, Deutschland / Germany
Email: info@bloggingbooks.de

Herstellung: siehe letzte Seite /
Impression: voir la dernière page
ISBN: 978-3-8417-7268-8

Copyright / Droit d'auteur © 2014 OmniScriptum GmbH & Co. KG
Alle Rechte vorbehalten. / Tous droits réservés. Saarbrücken 2014

Tribulations d'une nana 2.0

Amour, sexe, doutes et réflexions

Note de l'auteur:

Cet ouvrage est un recueil de réflexions personnelles. Tous ces textes reflètent mon propre point de vue. Ceux-ci n'engagent que moi et ne sont en aucun cas une vérité absolue.

Table of Contents

Comment savoir si je l'aime? 5
La jalousie = manque de confiance en sois? 7
La représentation de l'autre: 9
Pas de désir = pas d'avenir? 11
Quand sait-on que c'est fini? 13
Comment savoir si je dois partir? 15
Cesser de réfléchir et agir 17
Pourquoi ca semble plus facile pour les autres? 18
La peur d'être seul 20
Le prince charmant 22
Rêves érotiques: désirs enfouis ou manques qui remontent à la surface? 24
Ressortir avec un ex? 26
Amour=toujours? 29
Je n'arrive pas à l'oublier 31
Sex-friend avec un ex? 34
Sex-friend: quelques règles 37
Femme = Maman? 41
Déçu un jour, déçu toujours 44
Je veux qu'on me veuille 47
Une fille entreprenante ça fait peur 50
L'appétit vient en mangeant 52
Attention chérie tu dépéris 55
Pilule ou désir, il faut choisir. 57
Baiser ou baiser? 59
Quand je serais grande j'épouserais un militaire ou un routier 62
Ranges ton engin, tu vas blesser quelqu'un! 64

Il m'attire mais pas physiquement 66
Oui mais je l'aime 68
Demoiselle – Dame 70
Ça ne va pas? Devine! 72
Migraine à 10000€.. 74
C'est quoi un bon coup? 76
Liberté sexuelle ou nouvelles normes? 78
Légalisons la prostitution! 80
Épilation intégrale ou tendance pédophile 82
Saint valentin 83
Amitié homme/femme=utopie? 85
Mariage religieux: engagement devant dieu VS folklore 87
Idiocratie 90
Le règne de cendrillon 93
Premier amour… télé-réalité 96
Les premières fois... 100
Dis, on fait l'amour? 102
Peut-on rester fidèle toute une vie? 104
Pourquoi les femmes ont si peu d'amants d'un soir 108
Les relations à distance 111

Comment savoir si je l'aime?

Il est facile de dire si une personne nous est appréciable, supportable ou au contraire, insupportable. Mais comment peut-on dire si on aime?

Quelques petits signes au début de la relation ne trompent pas:
Le manque de la personne, le vide en son absence, le cœur qui bat quand on l'aperçoit, les heures passées à se changer avant de la retrouver, le sourire quand on reçoit un message…
Mais lorsque la relation s'étend sur des mois, voir des années, ces petites choses disparaissent. La routine apparaît. Alors comment savoir si l'amour est toujours là?

Pour chacun, l'amour prend une forme bien différente. Mais dans tous les cas il reste égoïste. Dans le couple on est deux, mais la forme de ce sentiment nous est propre. C'est pourquoi la question qui me semble la plus correcte n'est pas: Est-ce que je l'aime encore? Mais plutôt: Qu'est-ce que l'amour représente pour moi? Et donc est-ce que ce besoin est toujours comblé?

Pour certains l'amour c'est partager les bons et les mauvais moments.
Pour d'autres c'est de construire ensemble. La plupart se rassurent, ils savent qu'ils ne sont plus seuls, que l'autre est là. Quelques uns y verront leur propre image, que l'autre leur renvoi. Et plus rarement, ce sera ce que l'autre leur apporte, confort matériel, stabilité, apport financier. Chacun aime à sa façon. L'amour est un sentiment. Il n'a donc rien de bien réel Une simple réaction chimique dans notre cerveau. On ne peut pas le toucher, le voir ou le sentir.
Bien entendu certains vous diront que c'est n'importe quoi. On voit bien de l'extérieur si les gens s'aiment ou non. Oui, mais comment être sur que ce n'est pas une mise en

scène?

Les gens sont fourbes et pervers. Rien ne garanti que les petits gestes d'attention que l'on voit ne soient pas un mensonge.

Quelques personnes plus exercée, qui aiment voir plus loin, verront peut être la supercherie.
Pour les autres quelle importance? Si chacun y trouve son compte.

L'amour est une facette de notre personnalité. Et c'est avant tout une question de confiance. Un engagement sur la durée. Mieux vaut donc savoir ce que l'on en attend.

Une dernière question: Est-ce lui ou moi que j'aime à travers notre relation.

La jalousie = manque de confiance en sois?

Comme le dit le titre, la jalousie est dans la majeure partie des cas un manque de confiance en soi. La peur de ne peut être à la hauteur, de ne pas être assez bien pour garder celui ou celle que l'on aime. La peur qu'un jour une autre personne meilleure viennent nous enlever l'être aimé. Ce sentiment est facilement reconnaissable par tous.

La personne jalouse va se méfier de tous. Homme ou femme. Si vous êtes une femme il se méfiera des hommes car ils pourraient flirter, vous draguer, vous apporter d'autre choses que lui ne possèdent pas et donc vous emmener loin de lui.
Il se méfiera des femmes car il sait que les filles discutent, vous allez donc parler de lui. Et comme toute bonne copine elles vous conseilleront. Sa peur sera qu'elle vous conseille de trouver mieux, qu'elle dise qu'il ne vous mérite pas. Ou pire encore, il aura peur que l'une d'elle soit une coureuse et qu'elle vous entraîne sur sa route de perversion.

Même votre famille sera un danger pour lui. Que ce soit les conseils de vos parents, frères et sœurs. Que ce soit un cousin qui pourrait vouloir vous mettre dans son lit. (oui oui dans certaines familles ce sont pratiques courantes et certains n'imagine pas que ce soit différent ailleurs).

C'est simple, la jalousie voit le mal partout.

Au départ il va vouloir rencontrer tout ce petit monde. Histoire de voir ou est le danger, qui sont les personnes à éviter. Ensuite il va vous demander d'éviter certaines personnes. Pour des raisons plus ou moins sincères. Il continuera par vous suivre partout et fera une crise (similaire à un caprice) si vous refusez de l'emmener avec vous. Il vous interdira de côtoyer certaines personnes. Refermant peu à peu un mur autour de vous. Et avant que vous n'ayez vu quoi que ce soit vous serez seule. Personne ne voudra plus vous voir parce qu'ils ne supporteront plus la présence de votre conjoint Ou ils en auront mare de faire attention à tout ce qu'ils disent. Ou encore ils n'aimeront pas votre comportement en sa présence et ne vous reconnaîtrons plus.

Et si malgré tout cela vous parvenez à sauver quelques personnes de votre entourage, il jouera sa dernière carte: le chantage. Il vous interdira de côtoyer telle personne sous peine qu'il ne soit plus à la maison à votre retour. Il vous interdira de sortir dans certains endroits sans lui ou il pourrait bien vous quitter.
Bien entendu toutes ses paroles ne sont que du vent. Car la jalousie rend les gens fous et ils sont prêt a dire ou faire n'importe quoi pour garder l'autre au plus près. Mais jamais ils ne quitterons réellement cette personne, ça leur fait bien trop peur. Ils partiront quelques heures ou jours histoire de faire peur, et donner une bonne leçon. Mais ils finiront par revenir.

Soit vous avez eu peur et donc vous accepterez n'importe quoi pour ne plus qu'il s'en aille.

Soit vous êtes fort (e) et lui dites que vous ne cèderez pas et là il vous suppliera.

La représentation de l'autre:

J'ai toujours cru que dans une relation la personne avec qui on partageait notre vie devait être 3personnes à la fois:
- l'amour
les mots et gestes tendres, les petites attentions, la galanterie...
Toutes ces choses qui font qu'on se sent bien, aimé et qui nous mettent en confiance.
- le/la meilleur(e) ami(e)
la complicité, les délires, les mêmes envies,. On pouvait discuter des heures de tout et de rien comme de sujets plus graves.
- l'amant(e)
les journées au lit, le désir chaque fois que je croisais son regard, l'envie de le croquer à chaque caresse...

Avec les années je me suis rendues compte que je n'avais jamais réussi à réunir les 3 en une seule personne. Bien entendu il m'est arrivé de pouvoir coupler 2 cotés:

Le meilleur ami et amant:
Le fait de bien se connaître, de partager tant de choses rend plus complice, on joue, on se lâche.
Mais il manque les petites attentions.

Le meilleur ami amoureux:
Quand on s'aime on a envie de se connaître, de partager et d'évoluer ensemble.
Le souci c'est que sexuellement c'est pas toujours ça.

Pour moi le soucis c'est de trouver l'amant amoureux:

En général, je parle pour ma propre expérience, les hommes ont du mal a être les deux. Soit ils s'amusent, passent un bon moment et donc peuvent se laisser aller à leurs envies. Soit ils sont complètement amoureux et là il se donne à fond dans la relation en vue de l'avenir.

Le problème?
Ils ne peuvent pas imaginer que la femme qu'ils aiment et qui pourrait un jour porter leurs enfants puisse aussi s'éclater avec eux au lit. Ils ne peuvent pas se permettre les mêmes «pratiques».

C'est une histoire de respect je crois. Peut être d'éducation aussi.

Personnellement, celui que je préfère c'est le meilleur ami / amant.
L'amoureux c'est bien, mais c'est mou, je s'ennui vite. J'ai besoin de quelqu'un qui me fasse rire, rêver, bouger, désirer, me dépasser.

<u>Les questions que je me pose:</u>

Est-il possible de vivre avec une personne qui sexuellement ne nous est pas compatible mais avec qui tout le reste est parfait?
Est-ce que ca vaut le coup de tout casser pour chercher le piquant qu'il manque?
Le sexe ok mais si à coté on ne s'entend pas?
Est-il vraiment possible de réunir les trois?

Pas de désir = pas d'avenir?

Dernièrement j'ai découvert une forme de relation totalement inédite pour moi. L'homme avec qui je suis, ne semble pas avoir de désir pour moi.

Au début, je me suis dit qu'il était timide. J'ai laissé passer le temps. Au bout de quelques mois les choses ont un peu avancé. Je me suis chouette on va pouvoir passer la seconde. Seulement voila, monsieur n'est toujours pas plus d'humeur. Je commence à me demander si je lui plais vraiment. Est-ce qu'il n'a pas envie à cause de mes kilos en trop? Peut-être que ma façon de m'habiller ne l'attire pas? J'ai donc décidé de me prendre en main.

J'achète des jupes, des robes, des décolletés, du parfum, j'apprends à me maquiller... Toujours pas de réaction. Ah, SI! Il n'aime pas les jupes. Ce n'est pas grave je vais trouver autre chose! Je décide donc d'acheter de la lingerie variée et de l'attendre gentiment à la maison. Réaction? Tu devrais ta rhabiller tu vas prendre froid. Vexé je laisse passer les jours en me demandant quoi faire. Après plusieurs râteaux je n'ai plus envie de me décarcasser et de dépenser de l'argent pour rien. Je décide de lui parler et de comprendre ce qui lui passe par la tête.

Là c'est le choc! J'apprends que pour lui ce n'est pas quelque chose d'important. Que l'on peut faire plein d'autre chose intéressante. Qu'il ne sait pas rendus compte de mes avances. Et que lui ne viendra jamais me réclamer quoi que ce soit de ce côté-là.

Résultat de notre conversation: Je ferais mieux de lui dire clairement lorsque j'ai envie de lui et non de tenter de lui montrer. Il me rassure en me disant qu'il ne refusera pas car lui aussi à des envies. Mais ce n'est pas dans son caractère de faire le premier pas.

Je me retrouve donc avec un homme qui a très peu d'envie. Qui ne comprend rien à la subtilité. Avec qui je ne peux partager aucun jeu de séduction. Et avec qui je dois toujours faire le premier pas et faire d'imagination pour lui donner envie.

Encore sous le choc je décide de me renseigner,. Savoir si d'autres personnes ont vécu ça. Si c'est normal. S'il y a des solutions. Et là, je vais de surprise en surprise. J'apprends que certaines vivent cette situation depuis plus de 10ans. Elles ont tout essayer: lingerie, jeux de rôles, films, psy, médicaments.. Rien à faire. Leur solution? Dépenser mon énergie ailleurs, en faisant du sport. Certaines ont opter pour un amant. Malgré ce manque de contact physique, elles aiment leur vie avec leur chéri.

Pour ma part, je me questionne. Supporter ça tout ma vie? Hors de question. Accepter que cette situation n'a pas de solution? J'ai encore du mal. Faire mes valises? Je ne sais pas.

Quand sait-on que c'est fini?

Par moment, il arrive de se demander si la relation à toujours raison d'être. On ne vit pas forcement mal. On n'a pas forcement de reproches à faire. On ne constate pas de problèmes. Et pourtant on se demande ce qu'on fait là.

Avec le temps, l'excitation du début disparaît. Peu à peu on prend nos marques, nos habitudes et la routine s'installe. Lorsqu'on a une grande complicité dans le couple, la routine rassure. Mais lorsque les deux amants ne partage pas cette complicité, ou de passions communes, bien souvent la routine ennui. On tourne en rond. Rien ne cloche et pourtant rien ne va.

Je pense qu'il est important pour qu'un couple puisse durer qu'un certain nombre de facteurs interviennent:
- être complices
- partager des passe-temps ou avoir des goûts communs
- garder des moments sans l'autre, juste pour soi
- entretenir la flammes en cassant de temps à autres la routine
- avoir toujours des petits gestes tendres.

Dès lors que tout ça à disparus, il ne reste plus grand-chose.

Quand on ne s'embrasse plus jamais longuement. Ou juste un petit bisou avant de partir travailler. Quand on a plus envie de faire plaisir à l'autre ou de le surprendre. Quand on peut passer des heures l'un à coté de l'autre, ou devant un film, sans se rapprocher. Quand on ne se prend plus dans les bras, qu'on ne se blotti plus l'un contre l'autre en allant se coucher. Quand on ne ressent plus cet amour dans ses yeux. Quand on regarde un couple tendrement, on se disant que c'est déjà finit pour nous. Et surtout, quand toute ces choses ont disparus et que malgré tout elles ne nous manquent pas.

A ce moment là, je pense que tout est bien fini.

Comment savoir si je dois partir?

Pour certains le plus dur c'est de quitter l'autre. On ne sait pas comment s'y prendre. On a peur de faire du mal. On n'a pas envie de l'entendre pleurer. On sait qu'on va avoir droit à des promesses, certain(e)s vont même supplier. Ce n'est jamais simple de se séparer. Certaines personnes, les hommes plus souvent, vont préférer pousser l'autre à les quitter. Ces personnes vont devenir impossible à vivre, vont faire tout ce que l'autre déteste et lui rendre la vie impossible jusqu'à ce qu'il craque et lui annonce que c'est fini. De cette façon on se sent peut être moins coupable, et l'autre ne saura jamais que la décision ne venait pas vraiment de lui ou d'elle.

Pour ma part, la question la plus difficile dans une séparation, c'est être sure que tout est bien fini. Est-ce que je ne fais pas une bêtise? Je vais peut-être regretter. Si ça se trouve je vais tout casser et je me rendrais compte ensuite que j'étais bien, mais ça sera trop tard.

Et si je reste? Je vais peut-être souffrir toute ma vie de cette situation. Il est possible que je passe a coté d'une belle histoire. Si ça se trouve les choses ne s'arrangeront jamais. Souvent ces questions peuvent durer des semaines dans ma tête. Alors je vais tester l'autre avec des questions pour voir si ses réponses me conviennent. Je vais imaginer comment notre relation pourrait ou non évoluer. Me demander si je serais heureuse comme ça toute ma vie? Si je vais supporter nos problèmes? Je vais regarder autour si d'autres me donne envie d'ailleurs. Quelques fois je n'arrive pas à être sure de moi. Alors je prends mon courage à deux mains et je m'en vais. Ce n'est qu'ensuite que je me rends compte si oui ou non j'ai bien fait.

Jusqu'à présent je n'ai pas encore regretté une seule de mes séparations.

Peut-être que le fait d'attendre si longtemps, me fait paraître l'autre tellement insupportable, que je n'ai plus d'autre envie que de partir? Ou alors le fait de me poser autant de questions me fait réfléchir et inconsciemment je sais ce qui est le mieux.
Ce qui est sur c'est que je ne décide jamais sur un coup de tête de tout claquer à cause d'une dispute ou d'une envie passagère.

Cesser de réfléchir et agir

Je crois que dans la vie, on se pose beaucoup trop de questions. Quelques fois c'est nécessaire, lorsque le sujet est important. Mais par moment il faut arrêter de réfléchir et foncer. Quand je dis cesser de réfléchir, ca ne veut pas dire faire n'importe quoi. Il est important de savoir ou on va, mais réfléchir ne prend pas 6 mois. Quelques jours a quelques semaines suffisent.

Quand on se demande pendant 3 mois si ca vaut vraiment la peine, c'est que pour nous, la peine est trop grande. Quand on hésite pendant 6mois à passer l'acte, c'est que quelques part on en a vraiment envie. Sinon l'idée se serait dissipée. Quand on souffre depuis des mois, en disant que rien ne va jamais changer, c'est que ca ne changera pas.
Alors pourquoi en amour ca serait différent ?
Quand on se sent seul(e), qu'il y a un vide dans notre vie, que notre partenaire ne nous donne pas satisfaction. Quand on sent qu'on lui demande des efforts énormes pour des choses que nous faisons naturellement. Quand on s'aperçoit que malgré les efforts, ca ne nous suffit pas. Quand on a même plus envie d'essayer de parler, parce qu'on se dit que ca n'avancera à rien. Quand on regarde l'avenir et qu'on n'y voit rien....

A ce moment là, il est temps d'agir.
Alors aujourd'hui il est temps pour moi d'agir.
Je vais respirer un bon coup et me lancer.
Je vais oublier de penser à tout ce temps, cette énergie, cet argent, cet espoir, que j'ai investi. Et je vais plier bagages, remplir les valises.
Essayer de reconstruire une vie plus équilibrée.

Pourquoi ca semble plus facile pour les autres?

Il m'est souvent arrivé de me poser ces questions:
Elle est aveugle pour ne pas voir ce qu'il lui fait subir?
Il est débile pour ne pas se rendre compte qu'elle n'est pas pour lui?
Pourquoi ils ne se résignent pas à laisser tomber?

Le point commun de toutes ces questions c'est le fait d'y être extérieur.

Quand on analyse une situation amoureuse dans laquelle on n'est pas engagé tout nous semble clair et limpide. On voit ce qui va ou non. Ce qui peut s'améliorer, ce qui ne changera jamais. Ce que chacun peut faire comme efforts et supporter.
On peut savoir si le couple va durer, pourquoi il va se séparer. Des les premiers mois on peut dire si l'histoire vaut la peine d'être vécu, ou s'il vaut mieux arrêter là un massacre.

Mais pourquoi lorsque l'on est à la place de ces personnes (que l'on trouve si aveugles par moment) on ne sait plus non plus quoi faire?

Forcément quand il s'agit de notre propre situation, on a les sentiments en plus. On a aussi un passé, un vécu à deux. On a des biens en communs. Et là tout ce complique.
On arrive plus à réfléchir clairement. On ne se dit pas si ca arrivait a un tel, je lui dirais quoi?

On se dit plutôt: Et si je l'aimais trop pour faire ou dire ça? Et si je risquais de le/la perdre? Et s'il (elle) ne voulait pas me laisser partir? Et financièrement est ce que ca va aller?

Toutes ces choses qui nous semblent secondaires lorsqu'elles ne nous concernent pas. Quand on se dit qu'il faut parfois un mal pour un bien. Qu'il est important de faire des choix pour vivre mieux ensuite.

Et par moment on est lucides. On sait ce qu'on devrait faire. Mais on préfère fermer les yeux, les ignorer. Peut-être qu'on aime après tout, être en position de se plaindre et de se faire plaindre. Peut-être qu'on attend que quelqu'un arrive sur son cheval blanc, nous enlève et règle par la même occasion tous nos problèmes.

La peur d'être seul

Souvent quand c'est la première histoire d'amour on n'ose pas quitter l'autre. On a connu personne avant, on n'est pas sur de retrouver quelqu'un ensuite. On n'imagine pas que les relations pourront êtres différentes.

Et oui, on en a vécu une, alors on croit que toutes les autres ensuite seront les mêmes. On ne sait pas que la personne suivante pourra peut-être nous faire rire, nous faire rêver, nous faire sortir, nous faire pleurer aussi. Même si, en réalité, on ne partagera jamais la même chose, bien que certains points se retrouvent fréquemment.

Certaines personnes, ne sauront pas que ca peut être autrement. Parce que ça fait des années qu'ils ne connaissent que la vie à deux, c'est forcement avec lui/elle qu'ils passeront leur vie. Il ne se demande même pas si c'est ce qu'ils veulent, si ce n'est pas finalement, une habitude de vie.

Mais d'autres ne le sauront pas non plus pour une autre raison: La peur d'être seul.
Souvent ca reflète un manque de confiance en soi.

- On n'est pas sur de plaire à nouveau.
Ben oui on peut se dire que physiquement on n'est pas top
- On a peur que personne ne veuille de nous.
Si on a toujours entendu qu'on est nul et qu'on sert a rien ca aide pas.
- On se dit que si on ne trouve pas, on ne peut pas se rabattre sur n'importe qui pour combler le vide.
Parce que l'on sait que l'on pourrait le faire!
— On a peur de ne pas pouvoir s'assumer.

Ben oui tout va être à gérer seul: les courses, le poisson rouge, le loyer, les papiers de l'appartement... Et même si on l'a toujours fait, l'autre était au moins là, il existait, on se sentait accompagné.

C'est toujours difficile de se lancer dans l'inconnu, de devoir avancer de ses propres «ailes». De se coucher dans un grand lit tout froid. Mais je pense que rester, par peur d'être seul, peut empêcher de vivre de bien belles aventures.

Le prince charmant

Parfois je rêve du prince charmant.
Pas celui qu'on rencontre dans les histoires d'enfants, qui arrive sur son cheval blanc t'embrasse tendrement et te fais tout plein de bébés. Non pas celui là. Pas non plus celui de la TV, qui t'arrache à ta vie merdique en te promettant la maison de tes rêves, une jolie voiture, une piscine, des tonnes de voyages et tout ça un bouquet de rose à la main. Non toujours pas celui là.

Pas encore celui qu'on a pu rencontrer, qui nous apporterait la lune, nous vénère comme une déesse, gobe tout ce qu'on peut lui dire sans jamais réfléchir de lui-même ou mettre en doute nos paroles. Non, encore moins celui là !

Moi celui que je veux, c'est ce bel inconnu mystérieux. Celui qui un jour me tombera dessus au détour d'une rue. Qui n'essaiera pas d'entamer la conversation mais dans un regard saura me charmer. Celui qui me fera des sensations bizarres de partout. Qui me donnera envie de me lever le matin. Celui qui me fera rêver et redécouvrir le monde.
Qui me donnera envie de me jeter à son cou sans même connaitre son prénom.

Celui qui ne posera pas milles questions mais fera ce qu'il a envie, sans rien demander à personne. Qui me fera l'amour sauvagement sur la table de la cuisine ou la banquette arrière de la voiture. Qui m'embrassera langoureusement même dans 6 mois.

Celui qui me fera me sentir en vie et me redonner gout à ce monde. Je me fou des longs discours. Je me fous des coutumes que l'on se doit de respecter. Des étapes dans un ordre bien précis pour parvenir à une relation stable et suivis. D'un certains nombres de

RDV convenus, de sujets à aborder et des tabous à éviter. Je me fous que ce soit sérieux ou qu'il ne fasse que passer. J'ai juste envie de rêver.

Rêves érotiques: désirs enfouis ou manques qui remontent à la surface?

Depuis quelques temps il m'arrive de faire un ou deux rêves érotiques. Rien d'anormal a priori. Sauf que je n'en n'avais jamais fait auparavant.

C'est vrai que cela fait quelques mois que c'est le calme plat de ce coté là dans ma vie. Mais la journée je n'ai pas spécialement envie, et ça ne me manque pas plus que ça.

Alors pourquoi la nuit je rêve de ces choses là? Dans mes rêves je ne connais pas les hommes avec qui je fais l'amour. Ou alors ce sont des personnes à qui je plais, mais qui dans la vie ne m'attirent pas. J'arrive même à ressentir du dégout au réveil.
Je me fais peur. En plus de ces rêves je me radoucis. Lorsque je vois un film à l'eau de rose, je ne peux m'empêcher de retenir une larme. Pas pour les raisons habituelles: parce que c'est mignon, parce que ca fait rêver, ou que c'est romantique.

Nan, moi je suis triste.
Ca me rappelle ce que je n'ai pas. Je suis jalouse de leur bonheur et j'envie toute ces choses qui me manquent. Le pire c'est que je sais qu'il ne dépend que de moi de changer tout ça.

Alors je reste là à rêver et imaginer de jolies histoires.

En ce qui me concerne je penche pour le manque qui remonte à la surface.

Envie d'ailleurs

Je n'ai plus envie d'être gentille et normale, d'être celle qui rêve de stabilité.
D'une jolie maison, une jolie voiture, une jolie piscine et un chat.
D'un homme qui l'écoute et la rassure, la soutiens et la fait rire.
J'ai déjà tout ça et pourtant? Je ne suis pas heureuse.
J'ai été trop vite, j'en ai oublié l'essentiel.
Ce qui me permettait de me sentir vivante.
En réalité tout ca je m'en fou.
J'ai envie de courir, de chanter, de danser, de vibrer.
Je ne veux pas d'une petite vie "normale" et bien rangée.
Je ne veux pas faire comme tout le monde.
Je me fou de la piscine et de la maison.
Je veux faire ce qui me plait au moment ou ca me plait.
Je veux me foutre de ce que vont en penser les autres.
J'ai envie d'embrasser le beau mec que je viens de croiser dans la rue.
J'ai envie de passer des heures à danser dans les bras d'un bel inconnu.

Ressortir avec un ex?

oui mais non.. ou peut être... enfin quoique..

<u>Pourquoi ne faut-il JAMAIS ressortir avec un ex?</u>

C'est bien simple: si tu l'as quitté c'est qu'il y avait une raison. Il embrassait mal, il gueulait tout le temps, tu ne supportais pas ses potes, il n'était pas romantique... ça, ça te regarde. Sache juste une chose, ce que tu lui reprochais à l'époque, c'est encore valable maintenant

Je te vois venir: oui mais c'était y'a longtemps, depuis il a mûri, il a changé.... Tu crois vraiment que les gens changent? Demande à ta mère depuis combien d'années elle à déjà dit et répété à ton père de mettre ses chaussettes dans le bac à linge. Et depuis combien d'années elle les retrouve sous le lit ou le canapé? (en fait là où il s'est dessapé)

Les gens disent qu'ils veulent changer, certains sont pleins de bonne volonté.
Mais très peu d'entre eux en sont réellement capable.
"-Ouai mais pourtant il fait des efforts".... oui mais jusqu'à quand? On en reparle le mois prochain hein^^

Et si c'est lui qui m'a quitté? Moi je lui reproche rien^^ Ouai mais lui il se plaignait de quoi? Est ce que tu as changé toi?

<u>Pourquoi on se fait quand même avoir?</u>

C'est simple c'est humain. Au fond, on ne regarde pas, on imagine. On voit seulement ce qui nous intéresse et on occulte le reste. Pire! Au bout d'un certain temps, on oublie pourquoi on lui en voulait et on se souvient seulement de ce que l'on appréciait. Dans notre tête c'est plus la même personne. Et puis on voit ça tout le temps à la télé, alors pourquoi pas nous?

<u>Y'a t'il des exceptions?</u>

Ça c'est LA question.
Dans certains cas, il arrive que des personnes se séparent pour des motifs extérieurs à leur couple.

La distance, le travail, la maladie.. Les aléas de la vie.
Si ces personnes se retrouvent, qu'elles se sont séparés pour des raisons qui ne sont plus d'actualité, y-a t'il une chance qu'elles puissent se retrouver?
Je n'ai pas la réponse, mais je me plais à imaginer que c'est possible.

Jouer est dangereux pour la santé

Je crois que quand on se sépare, il y a toujours une bonne raison. Voila pourquoi je n'ai pas pour habitude je ressortir avec un ex. Chacun d'entre eux m'a laissé un souvenir précis, de bon et de mauvais moments. Les derniers que je ne souhaite évidemment pas revivre.

Pour sa part, j'ai cru que cette fois ça serait différent. Les circonstances étant compliqués à l'époque, je pensais que la donne aurait changé. Mais à présent je crois m'être trompé.

Il à ressurgit, je ne me souviens même pas comment. Ma faute il me semble pourtant. Quelle idée d'aller lui demander conseil. Je cherchais des réponses et des explications. Je n'ai trouvé que de nouvelles questions à me poser. Pourquoi les choses auraient elles changés? Pourquoi voudrait-il me revoir après tout ça? Pourquoi me laisser a nouveau tentée? Et pourquoi ne m'a t il pas simplement ignoré? Avec du recul, j'aurai préféré.

A l'époque j'en étais folle, il m'a rendu dingue. C'est toujours le cas, mais la signification n'est plus la même. Je ne comprends pas ce qu'il attend de moi. Un jour il est adorable, le lendemain il a disparu. Et moi je suis la... Je perds confiance en moi..J'aimerai simplement qu'il me prenne dans ses bras, et qu'il m'assure que ça ira.

Je tourne en rond et je déteste ça, je ne me reconnais pas. Et si j'abandonnais pour une fois? Les cartes ont déjà été dévoilées, il est plus difficile de bluffer. Je devrais peut être apprendre à me coucher.

Amour = toujours?

Est ce que la notion de couple est encore d'actualité? Autrefois le mariage était un arrangement qui permettait de protéger ses biens, ses richesses, il représentait un intérêt. C'était un engagement à vie, qui n'avait rien a voir avec l'amour. D'ailleurs la fidélité n'était pas souvent respectée.

Avec les années, nous avons évolué. L'idée de se marier par amour est apparu. D'un autre coté, le divorce est lui aussi arrivé. La liberté est de plus en plus présente dans nos esprits.

Au temps de toutes les libertés sexuelles (échangisme, couple libre, sex-friend, coup d'un soir...) et des tentations à chaque coin de rue, a t-on encore envie de s'engager pour la vie? Pourquoi se donner à une seule personne, quand on peut batifoler avec des milliers?
Prendre les avantages sans s'encombrer des inconvénients.

Ça a été prouvé, l'amour est une réaction chimique dans notre cerveau qui ne dure pas toute la vie. On aime la découverte, la nouveauté... mais a la longue on a plus grand chose a apprendre de neuf. Alors que se passe t-il quand l'amour disparaît? Il reste les habitudes, ce que l'on a construit à deux, les projets en commun. Mais est ce que ça suffit?

Pour ma part j'aimerai croire en l'amour qui dure toujours mais je reste réaliste, c'est une idée que l'on nous fourre dans le crane et qui n'est plus très réaliste. Le couple est un travail de tous les jours si l'on veut qu'il dure. Il faut bousculer les habitudes, continuer à se surprendre. Titiller l'envie. C'est un combat perpétuel.

J'aimerai avoir un homme qui m'accueille quand je rentre le soir. Qui me prenne dans ses bras quand je suis triste. Qui me fasse rire et rêver. Avec qui partager mes délires. J'aimerai de la complicité. Qu'il soit mon meilleur ami. Mais j'ai peur de l'engagement. A quoi ça sert de construire si jamais un jour on risquait de tout détruire? Et si je me lassais? Et si je n'avais plus assez de liberté? Et si on n'avait pas les mêmes envies?

Qui sait, peut être qu'un jour je serais comme toute ces filles, qui rêve de l'amour éternel, de mariage et de fidélité absolu.
Peut être qu'un homme arrivera à me donner cette envie.... Mais d'ici là je vais continuer à me poser tout plein de questions!

Je n'arrive pas à l'oublier

Après une rupture il est plus ou moins facile de passer à autre chose. Bien évidemment c'est plus simple pour celui qui met fin à la relation que pour celui qui la subit. Certains ont plus de facilité à passer à autre chose. D'autres vont mettre des mois voir des années à faire le deuil.

Pour moi il y à deux catégories:
- les romantiques
- les réalistes

En réalité tout se passe dans la tête. (Je parle de l'amour hein, pas du désir. Pas une personne qui te donne envie de te jeter dessus et de la mettre à poil dès que tu l'aperçois.... Ca, ca se passe ailleurs^^)
<u>Il y a donc les romantiques.</u>

Ils croient avoir perdu leur moitié, une partie d'eux mêmes. Ce qui était leur raison de vivre. Ils n'imaginent pas avancer seul. Ils voudraient passer à autre chose mais ils n'y arrivent pas. Comment vont-ils se lever demain matin?

En fait c'est simplement qu'inconsciemment ils ne le veulent pas.
Ils cherchent des excuses pour se raccrocher à l'autre, des signes qui leurs permettraient d'espérer encore. Ils refusent de passer à autre chose. Ils en sont incapables.

On ne sait jamais que l'autre change d'avis et qu'ils ne soient plus là à l'attendre....
"- Nan mais rêve pas, s'il revient tu te jetteras à nouveau dans ses bras. Mais je pense plutôt que tu va l'attendre longtemps et pour rien!"

Et nous avons donc les réalistes.

Que ce soit eux qui quittent ou qu'ils se soient fait plaquer, ils fonctionnent de la même manière.

L'amour n'est pas grand chose. C'est agréable, rassurant mais ca ne conditionne pas leur vie. Il n'y a pas une seule personne capable de l'incarner. Et lorsque la relation tourne mal, ils préfèrent arrêter le massacre plutôt que d'essayer de survivre à deux pour un sentiment qui de toute façon s'effacera.

Au lieu de chercher des marques d'attention, d'espérer... ils préfèrent oublier. Chaque pensées qui pourraient les faire plonger ils la repoussent. Ils s'occupent pour ne pas ressentir le vide. Ils sortent pour combler l'absence. Ils se refusent toute idée de retour en arrière et se rappellent sans cesse pourquoi ca ne fonctionnait pas.

Moi je fais parti de ceux la. En général, quand j'ai pris ma décision, il ne me faut que deux semaines environ pour passer à autre chose.

Pour moi, nous ne sommes qu'un cerveau qui contrôle un corps. J'ai toujours vu ce cerveau comme un disque dur.

On y stocke des données (des sentiments, des gens, des goûts, des talents, des connaissances...) dans lesquelles on pioche quand on en a besoin. Et le jour où on n'en a plus envie on les efface.

Alors ne plus aimer et aussi simple qu'effacer cette donnée.

Encore faut-il être capable de le vouloir...

Sex-friend avec un ex?

Bon je sais qu'en général je raconte ma vie, je m'étale, je parle de choses que j'ai pu voir dans mon entourage.. Mais aujourd'hui attention grande nouveauté! Je me lance dans le sujet à la mode.

Ben oui la mode c'est fait pour qu'on copie.
Y'en a un qui dit qu'il faut faire comme ça parce que c'est bien, et pis les gens, ben ils le font.
M'enfin ça c'est encore autre chose. Revenons en a notre sujet: le sex-friend.

<u>Alors d'abord petit rappel.</u>

Comme son nom l'indique le sex-friend c'est un avant tout un ami. Mais c'est aussi un homme avec qui tu fais l'amour.
Il ne ressemble pas au plan cul que tu vois une fois et c'est fini.
Lui tu le revois régulièrement. Et oui en plus de finir au lit, tu peux aller au ciné, au resto, jouer à la wii... C'est toi qui voit c'est ton ami.

C'est comme un copain alors? Et ben non. C'est le bon sans le mauvais.
Y'a la tendresse, tu peux te confier (pleurer sur son épaule) mais tu n'es pas obligé de lui dire ce que tu fais à toute heure du jour et de la nuit, ni avec qui. Pas besoin de l'inonder de texto pour qu'il sache que tu ne l'oublies pas. Et t'es pas forcé de dormir auprès de lui quand c'est fini. (Comment ça tu ne fais pas ça seulement la nuit?)

Maintenant que tu sais un peu mieux ce que c'est, passons à la question du jour. Le sex-friend peut il être un ex?

Pour ne pas citer Mylène: oui mais non...

Si on n'entre pas dans les détails on va dire que ça semble tout à fait possible.
C'est un ex donc y'a pas/plus d'amour au milieu. On a déjà testé le partenaire donc on sait si ça convient ou pas. On se fou d'être au top, manucurée, maquillée, en dessous sexy... Il nous a déjà vu au quotidien pas besoin d'en faire des tonnes. Ca à l'air cool et sans prise de tête.

Sauf que ce n'est jamais si simple.
Quand on reste en contact "amical" avec un ex, y'a pas le même risque de replonger que lorsque l'on garde des contacts plus étroits (si je puis dire...)

Celui qui a quitté l'autre a toujours bien ses raisons à l'esprit et il a peu de risque de revenir dessus. Par contre celui qui a été jeté peut voir une façon de se rapprocher à nouveau et peut-être reconquérir le coeur de l'autre.

Et si ça n'était pas le cas?
Ce qui un jour vous a attiré chez l'autre est toujours présent, c'est bien pour ça que vous voulez le mettre dans votre lit à nouveau. Mais ce qui a tout fait foiré est toujours là aussi.. On a tendance à l'oublier avec le temps.

Et quand y'en a un des deux qui commence à s'accrocher c'est là que ça coince. Aussi bien pour l'un qui va s'accrocher pour rien. Que pour celui qui n'aura rien demandé (enfin si peu..).

Alors ok c'est vrai y'a toujours le risque de tomber amoureux(se) même si c'est pas un ex. Mais y'a quand même moins de vécu derrière. Tu pars avec des valises plus légères au décollage.

Alors le sex-friend oui, mais avec un ex non. Et pensez à vous protéger!

Pour rajouter la petite note perso (ben oui quand même):
Pour avoir testé le sex-friend c'est un peu comme être un couple moderne. Tu vis sans te prendre la tête. Mais avec un ex ça ne se passe pas comme prévu. Et même en établissant des règles très claires.

Sex-friend: quelques règles

Revenons donc sur ce sujet à la mode, 3 films en quelques mois sur le sujet quand même! La dernière fois j'expliquais pourquoi il fallait éviter de faire ça avec un ex. Ce coup-ci (sans mauvais jeu de mots) on va parler des droits et des devoirs de ce genre de relation.

Les devoirs:

Avant toute chose comme son nom l'indique il doit être bon sexuellement. Sinon ça sert à rien d'en avoir un. Te faire jouir ok c'est son rôle mais il n'y a pas que ça. J'estime que pour justifier son statut d'élu il doit:

- savoir embrasser (avec et sans la langue)
- mettre du coeur à l'ouvrage (s'il est là que pour se vider il y en a des centaines dehors)
- maitriser les préliminaires
- te donner du plaisir

Je pense également qu'il est important de parler. Nan, ta vie on s'en fou. Tes envies (plus comme ça, moins vite, cette position là) et toutes les petites choses qui vont avec (ça serait bien que tu rases, moi je débroussaillage!) Bien sur ça va dans les deux sens, on est là pour s'amuser et se divertir mutuellement, ce n'est pas ton esclave.

Les droits:

Vu que c'est aussi un pote tu peux partager plus qu'un lit (ou un canap, une table, un siège à l'arrière..) voila quelques petites choses que l'on peut faire sans entraîner de

dégâts.
- un verre ou une bouffe (à la maison c'est mieux, pas genre rencart au resto)
- un ciné, matter des films à poil au lit
- une course de mario kart, ou une choré sur Just dance
Bien entendu y'a tout plein de choses possibles mais on va pas s'attarder sur ce côté là.

Enfin une dernière chose à voir: <u>les choses à ne pas faire.</u>

- on ne présente pas son sex-friend à la famille ou aux amis
- on ne se raconte pas nos vies (ce qu'il fait avec d'autres filles tu n'as pas à le savoir et inversement)
- on évite les petits gestes de tendresse
- on ne dort pas l'un contre l'autre
- on évite les tendres embrassades d'au revoir, la bise ça va très bien

Voilà j'en ai probablement oublié mais l'essentiel y est. Alors n'oublions pas l'objectif principal: amusons nous.
Et comme disait « tunesauraspasqui »: faites l'amour pas la guerre, les capotes c'est moins cher que les bombes nucléaires.

Il m'attire ou pas?

Grande question quand on n'a pas envie de se planter... (Ben ouai souffrir ou faire du mal j'aime pas trop beaucoup ça)

Souvent je me pose cette question: est ce qu'il m'attire?

Quand j'y réfléchis je me dis que c'est débile, je ne me pose pas la bonne question. Déjà si je me la pose c'est que quelque chose me plaît chez lui. Donc il doit bien m'attirer un peu...Alors je me dis que je devrais réfléchir autrement.. Est-ce qu'il pourrait me convenir?

Même si tu ne t'en doutes pas, ben oui je suis comme toutes les autres exigeante. Et j'aime pas me vautrer. Alors si je pouvais éviter... Donc comme toutes les autres j'ai un minimum de critères. Y'a les non négociables (pas de cigarette par exemple) et ceux que je ne maîtrise pas. (Ceux là c'est la cata)

Alors oui c'est vrai en premier il y a le physique. Mais là je pense que je ne suis pas si compliquée. En dehors du fait que je ne sois pas attirée par les blonds. J'ai rien contre eux, et j'ai des amis blonds, mais ils ne me font pas envie.

Cette étape là, c'est la plus simple, suffit d'un coup d'oeil.

Moi mon soucis c'est la deuxième étape: les critères que je ne maîtrise pas. (Même si je suis trop intelligente j'ai pas le savoir en infusion)
Et le principal: la compatibilité de caractère.. Comment être sure qu'on ne va pas avoir envie de fuir dans quelques semaines?

- Quelques fois il se passe un truc.
On ne sait pas pourquoi mais ça passe direct. Je ne dirais pas le coup de foudre parce que ça, je l'ai jamais vu et je n'y crois pas. Mais y'a quelque chose.
- D'autres fois on apprécie une personne mais on n'est pas sur que ça puisse tenir sur la durée.

On aime certains cotés mais moins les autres. Des petites manies que l'on a remarqué et que l'on n'est pas sure de pouvoir supporter bien longtemps.

- Et enfin il arrive que l'on ne sache pas du tout ce que ça va donner.
Comme on le sait tous, ce que les gens nous montrent n'est pas toujours ce qu'ils sont vraiment. Dans l'intimité on peut avoir des surprises. Elles peuvent être bonnes, mais en général c'est plutôt le contraire.

Dans le premier cas, y'a pas à réfléchir, je me contente de me lancer.

Dans le second cas j'ai un petit doute, mais je sais assez facilement ou ça va me mener. (Même si des fois je fonce consciemment dans le mur)

Dans le dernier cas c'est le gros bordel. J'ai du mal à lâcher prise et j'ai besoin de savoir où je vais. Quand je suis paumée j'ai tendance à reculer. (Nan, même pas vrai, je ne fuis pas, j'emprunte juste un autre chemin...)

Dernièrement je crois que j'ai changé. Peut-être que j'ai grandit (Mouai pas super crédible), peut-être que le dernier m'a permis de me remettre en question (ok un peu plus plausible) ou j'ai peut-être envie d'autre chose (qui sait..).

Tout ce que je sais, c'est que je ne suis plus la même. J'ai envie de lâcher prise et de me laisser aller. Mais est ce que j'en suis capable? Suis-je prête à ça?

Comme on dit: L'avenir me le dira....

Femme = Maman?

Voila un sujet qui commence à me taper sur le système!

C'est quoi cette pression qu'on nous met dès le plus jeune âge? Pourquoi le fait d'être une femme signifie automatiquement: avoir des enfants? A croire que l'on a pas d'autres choix. Je ne veux pas d'enfants et je ne vois pas ce que ca m'apporterait. Suis-je un monstre? Depuis des années on tente de me faire changer d'avis.

Voila une liste de ce que je me prends dans la tête le plus souvent:
- <u>Tu es égoïste...</u>

En quoi ne pas vouloir d'enfant est égoïste? Ce ne sont pas mes ovaires qui vont me le reprocher en tout cas..

- <u>J'aimerai être grand-mère...</u>

"Maman t'a mis au monde pour faire plaisir à grand mère mais en fait elle te voulait pas" wouaw pauvre gosse!

- <u>C'est dans l'ordre des choses...</u>

Ok y'a quelques années /siècles en arrière il fallait assurer la lignée, procréer pour la survie de l'espèce. Mais aujourd'hui on ne sait même plus où mettre ceux qui sont déjà là...
Et puis les femmes n'avaient pas le droit de travailler, fallait bien qu'elles s'occupent.

- <u>C'est sûrement à cause de ton enfance...</u>

C'est certain que je ne souhaite a aucun autre de vivre la même, mais ce n'est pas pour autant que je me vengerai et ferais revivre ça à un môme qui n'a pas demander à être là.

- C'est un don de pouvoir donner la vie...
Ah oui je vois, alors sous prétexte que je suis capable de faire des enfants j'en ai l'obligation? Non je dis ça parce que je suis aussi capable d'étrangler mon voisin, pourtant personne ne me rapproche de ne pas le faire.

- Ça donne un sens à la vie...
Ben ouai forcement si je ne m'occupe pas d'un enfant qu'est ce que je vais bien pouvoir faire de ma vie? Si j'ai envie de travailler et profiter de mon temps libre pour sortir ou voyager à l'autre bout du monde plutôt que pouponner c'est grave? Ah non pardon c'est égoïste, j'oubliais...

- Ton mari s'il en veut lui...
Déjà si je me marie il sera forcément au courant, ce n'est pas un truc que je cache. Ensuite s'il en voulait tant que ça y'a plein d'autres utérus sur pattes pour me remplacer. Et que je sache tous les hommes ne rêvent pas d'enfants. Au pire on fait des concessions par amour.

- Tu verras tu changera d'avis, l'horloge biologique blabla..
C'est vrai j'en sais rien, on est jamais sur de rien. Mais je n'ai pas l'instinct maternel, je ne sais pas communiquer avec eux, et je n'éprouve aucun plaisir à leur tenir compagnie. Ça fait du bruit, ce n'est pas autonome, ça fatigue, c'est un boulot à plein temps et celui là une fois signé on n'en démissionne pas! J'ai pas envie d'avoir un truc vivant dans mon corps, de ne plus dormir sur le ventre, d'être malade durant des mois, de souffrir des heures pour le sortir, de me lever la nuit, de changer des couches, de l'emmener partout etc.

Alors ce n'est pas parce que certaines n'ont aucune envie de réaliser quoique ce soit de personnel dans leur vie, qu'elle préfère rester a la maison plutôt que travailler, ou même parce qu'avant on avait pas d'autres choix, qu'aujourd'hui je dois suivre le troupeau, faire comme les autres. Et quand je vois le monde dans lequel on vit, faut avoir envie de faire des gosses pour leur faire endurer ça …

Alors... Qu'on me foute la paix avec çà!

Peut-être que si je criais au monde entier que je ne peux pas en avoir de toute façon, on arrêterai de me traiter comme quelqu'un d'inhumain, on me prendrait en pitié car ça doit être trop dur de vivre avec cette idée...

Déçu un jour, déçu toujours

Ce n'est pas moi qui le dis, c'est Arthur. (C'est vrai il ne s'appelle pas comme ça mais pour des raisons d'anonymat.. blabla..)

Je vais aborder un super sujet de la mort qui tue: les traumatisés de l'amour.
Je parle de tout ces mecs qui ont souffert et qui ne veulent plus s'engager, préfèrent rester seuls, ou fuient toutes celles qui tentent de les approcher car ils ne veulent plus souffrir.

J'te jure les mecs c'est capable d'avoir des sentiments et ça se fait aussi ~~entuber~~ avoir. En plus c'est dur de recoller un petit coeur en morceau, la glue ca tient pas bien les organes! (sauf les doigts)

Le traumatisé est un animal difficile à sortir de son terrier. En réalité le plus dur n'est pas vraiment de l'approcher, mais qu'il nous laisse entrer.

S'il y a un truc que j'ai retenu de cette histoire c'est qu'il faut beaucoup, mais alors BEAUCOUP de patience. Sinon voici 2-3 petites choses qui peuvent aider:

- Avoir du temps devant sois
(Je ne parle pas de jours mais de semaines et même de mois) Le traumatisé à besoin d'être rassuré, de voir que le temps ne t'a pas fait fuir, il faut gagner sa confiance.

– Être compréhensive
Ben oui il a souffert le pauvre petit garçon, c'est normal que tu en baves derrière.

- Y aller TRES TRES doucement

N'essaye pas de le prendre en sandwich pour lui en rouler une il va prendre peur.

- Ne pas compter sur un signe d'encouragement

Il ne te dira jamais "Laisse moi du temps ça viendra" non il va plutôt te sortir "Tu es très gentille mais je préfère que tu ne perdes pas ton temps avec moi

- Ne pas espérer avoir de ses nouvelles

Si tu lui en donne il va répondre, si tu ne le fais pas tu n'en recevras pas. On ne sait jamais que tu te fasses des idées...

- Ne pas être susceptible

Et oui faut t'attendre à te prendre quelques vents "Je ne veux plus revivre ça" "Je ne suis pas prêt"

- Être sure de sois

Pour certaines ça peut devenir un jeu ou un défi mais ça ne sert à rien de passer des mois à courir derrière, à gagner sa confiance / son amour si au final tu n'es pas sure d'en vouloir ensuite. Il a déjà donné, ça ne sert à rien d'en rajouter...

Alors si tu n'es pas encore découragée je te souhaite vraiment bon courage.

Personnellement je trouve que le plus dur n'est pas d'être patiente, mais plutôt, de ne pas savoir si au final on a une chance ou pas.

/!\ Un risque à ne pas oublier: il est possible qu'au final tu t'attaches à lui et que ce soit toi qui en souffre.

Pour la petite histoire, je crois (en fait j'en sais rien) qu' Arthur m'aimait bien, mais après avoir ramé durant 3 mois j'ai baissé les bras.

Je veux qu'on me veuille

Grosse interrogation aujourd'hui: Qu'est ce qui peut bien me faire craquer? Ou: Pourquoi lui plutôt qu'un autre?

Comme je vous connais bien, je vous vois déjà arriver:
- Ben t'as vu comme il a la classe dans son t-shirt diesel!
- En plus il est trop beau, je kiffe ses yeux
- Moi j'adore son petit cul...
Même si c'est moins répandu, nous aussi on est des mateuse (je parle de regarder hein, pas de maths...)

<<- Ouai mais nan en fait les mecs c'est plus sur le physique et nous on est plus cérébrales.>>

Je suis pas super convaincue par ce cliché, (vive l'égalité des sexes) mais en ce qui me concerne je le trouve plutôt vrai.

Rangez vos fourches, me tapez pas, je vous jure que je ne mens pas! Ok c'est vrai moi aussi je matte (mais chut c'est un secret) C'est vrai aussi, que comme tout le monde, j'ai quelques critères physiques. A choisir je me dirige plutôt vers un grand brun genre bad boy qu'un petit blondinet style 1er de la classe. Et je préfère un petit cul à un ventre qui retombe sur les genoux...

Mais si y'a bien un truc que je constate c'est que je ne peux plus m'arrêter à ça. Depuis ces quelques mois de célibat j'en ai rencontré du mâle, j'ai eu le temps d'étudier la question. Et si y'a un truc que j'ai pu en tirer: J'aime qu'un mec sache ce qu'il veut.

Même les mecs mignons, craquants, à mon goût, ne m'ont pas donné envie de les revoir. J'arrive pas à m'intéresser à un type dont je ne sais rien juste parce qu'il me plait physiquement.

A choisir entre le beaugoss qui n'a qu'a sourire pour entrer chez n'importe quelle nana, et le type complètement banal, qui se donne la peine de chercher, je te laisse le gossbeau sans hésiter!

Comme m'a dit un jour ma mère: J'aime que l'on me courtise, me séduise.
De nos jours on fait plus la cour, c'est démodé et bien trop long, (surtout quand c'est pour tirer son coup un soir) mais moi aussi j'aimerai qu'on me séduise!

J'ai plus 14ans. Les "t'es charmante, tu veux sortir avec moi?" Ça me déprime. On me dirait à auchan, devant le rayon boulangerie, "ça à l'air bon, tu veux goûter les nouveaux croissants?" ça me ferait le même effet!

Mais merde, tu veux une vraie relation ou une plante pour décorer ton appartement? C'est vrai c'est toujours la classe d'avoir un beau mec à présenter aux copines ou à maman... mais après? Tu le range dans le placard jusqu'à la prochaine sortie publique?

J'ai plus envie d'une petite amourette pour passer le temps. Comme on dit je préfère etre seule que mal accompagnée.

Moi je veux un mec que j'intéresse. Qui prenne la peine de me connaître, qui ait envie de me découvrir (pas seulement me déshabiller), qui veuille partager. Qu'il me voie moi et pas juste une fille qui puisse faire joli à montrer aux copains.

Je demande pas d'être adorée, je veux pas devenir son univers, je veux juste exister.

C'est vrai j'en demande beaucoup, et je suis pas facile à cerner d'autant plus que je me laisse difficilement approcher. Mais quand même, je crois pas être si compliquée.

Alors à choisir, je vais commander un petit qui a du bide (c'est confortable en plus les bourrelets) qui saura me montrer de l'interet et je te laisse le surfer au sourire ravageur.

/!\ Si y'a des mecs qui passent par là: perdez pas espoir, je suis peut-être la seule à l'assumer, mais je suis pas la seule à le penser. Courage, vous pouvez les faire craquer.

Une fille entreprenante ça fait peur.

Si y'a un truc qui me faisait plaisir dans «l'égalité des sexes » ou « la libération de la femme» c'était que l'on puisse nous aussi draguer, sans passer pour des dévergondées. Je me suis dis «- Chouette, je vais pouvoir pécho!»

Ben oui de nos jours tout est bouleversé. Les mecs ont peur de s'approcher des nanas . En même temps ça se comprend, on leur en demande tellement: faut pas nous aborder franco, faut pas non plus y passer des mois, faut être gentil mais pas trop… Ils savent plus comment s'y prendre, passent pour des nuls ou des machos. Et faut voir les vents qu'on leur met, on les ménage pas les pauvres chéris. Après ils ont plus envie.

Alors forcement moi j'ai pensé (naïve que je suis) que si les hommes n'osent plus nous approcher, on allait pouvoir échanger les rôles et les attraper. SAUF QUE NON.

On a beau dire que les filles se sont libérées, elles attendent toujours que le type vienne les aborder. «-Attend, je vais pas y aller, ça se fait pas!» Elles ne savent pas comment s'y prendre ou elles ont peur de se manger un râteau. (Par contre ça les dérangent pas d'en donner, ben ouai c'est dans l'ordre des choses..)

Nous avons donc les mecs qui attendent d'un coté, et les nanas qui attendent de l'autre.

Alors moi je me dis: je m'en tape de vos conneries, je vais y aller!

ET BEN C'EST PAS POSSIBLE NON PLUS.
C'est vrai ça, combien de mecs ont déjà dit qu'ils adoreraient que les rôles soient inversés et qu'une fille leur court après? Y'en a tout pleins, des milliers. Mais combien

l'ont déjà accepté? Moi j'en ai pas beaucoup rencontré. Ben oui monsieur à sa fierté! Que tu fasse un petit pas ok mais c'est son rôle de t'emballer. Alors moi je veux bien être emballée, mais si tu te bouge pas les fesses, comment on fait? Parce que si je fais un pas et que tu te rapproche dans 6 mois, je serais pas restée à prendre racine!

Donc oui les filles entreprenantes ça fait peur.
T'imagine si elle fait la même avec tous les autres? C'est trop la honte de sortir avec une dépravée. Surtout si les potes apprennent que c'est elle qui la chopé.

/!\ Ceci ne s'applique pas si ce n'est que pour la nuit /!\

Vas-y là ça compte pas. (Je te l'apprend sûrement pas mais l'homme ne considère pas une femme de la même manière lorsqu il s'agit d'une nuit ou de la vie. Pour une nuit ça peut être une salope c'est pas grave, c'est même mieux, mais pas celle pour la vie, qui pourrait être la mère de ses enfants!!! Un peu de respect merde!)
Alors on fait comment nous pauvre filles? On a pas envie d'attendre que vous vous décidiez. Mais si on vous mâche le boulot, vous vous sauvez en courant..

Mare des mentalités qui évoluent juste à moitié! Si c'est comme ça, je m'en vais bouder!

L'appétit vient en mangeant

Nan rassures toi je vais pas parler cuisine tu peux rester devant l'écran. D'une je pourrais t'intoxiquer et de deux ca m'intéresse pas. Alors te creuse pas les méninges je fais juste une métaphore. (Et j'emploie des mots sophistiqués en plus wouaw!)

Mais alors on parle de quoi? *me direz-vous*
D'appétit sexuel bien sur! Enfin... plutôt d'attirance en fait.

Alors voilà ma question du jour: Peut on ressentir de l'attirance pour une personne qui ne nous en inspirait pas avant? Je parle pas d'un type que t'as croisé la semaine dernière, dans un coin sombre d'une boite, que ce soir tu redécouvres sans alcool. J'te parle de ton pote, ton ami, ton collègue, ton voisin.. que tu côtoie régulièrement. Celui que tu as rangé dans une tite case étiquetée, le genre de case dans laquelle tu n'imagines même pas pouvoir piocher un jour pour assouvir tes pulsions.

J'aimerai comprendre. Parce que moi j'ai des principes. Je pense pas être la seule. L'amitié/l'amour ca se mélange pas. Mes potes, les amis de mes ex, les mecs que je côtoie depuis des lustres => je touche pas.

Soit je craque dès le départ et je saute dessus, soit je colle l'étiquette "on se connaît trop" et c'est mort pour lui.

Et pourtant....
Un jour, ce mec, que ~~je~~ tu voyais jusque là comme la famille, il va: changer de coupe de cheveux, sortir une phrase, mettre un col en V, avoir un geste... j'en sais rien moi et ~~je~~ tu vas plus le voir pareil.

Qu'est ce qui peut bien se passer à ce moment là dans ~~ma~~ ta tête?

Du coup je me pose plusieurs questions:

- Est ce que c'est passager ou ca va durer?
Non parce que ca peut foutre en l'air une relation ça! Imagine tu te jette corps et âme sur ton nouveau coup de coeur et le petit déclic ne revient pas. "- ben non en fait j'en veux pas" et hop on le remet dans sa case. (enfin s'il veut bien y retourner)

- Peut-on dépasser le blocage?
La raison pour laquelle tu as décidé de ne pas y toucher je suppose qu'elle est encore là. Alors t'en fais quoi? "-Tant pis j'me lance et on verra bien" version naïve de "-Je fonce dans le mur et quand je serais devant, si je sais pas l'escalader, je fais demi-tour"

- C'est de l'attirance physique ou psychologique?
Moi j'ai tendance à dissocier. Je peux apprécier une personne mentalement mais physiquement ca passe pas. Ou avoir des envies de viol mais dès qu'il ouvre la bouche je fui. Alors ce changement il est apparu où? En haut ou en bas?
Et si j'ai pas les deux ca peut le faire quand même?
Enfin une chose qui me trottine de neurones en neurones: (sisi j'en ai) et lui dans tout ça? Si ça l'intéresse pas ca règle le problème. Mais si monsieur il attend que ca, y'a quand même le risque --si finalement ca nous dit plus rien-- de lui envoyer une bonne claque dans sa figure.

<u>Remarque:</u>

Je réfléchis dans l'optique d'une réelle relation, si t'as juste envie de tirer un coup réfléchis pas autant que moi, ca changera rien. Un mec c'est basique de ce côté là.

[Dans le prochain épisode vous découvrirez si la cuisine à brûler, si le commis à rendu son tablier et si le chef s'est tapé la serveuse. Nooooonnnn brenda, comment as-tu pu me faire ça?]

Attention chérie tu dépéris

- Hein? De quoi? Elle parle du célibat bien sur.

Là je m'adresse à toi, qui as choisi la solitude, la liberté ou, sans que ce soit forcément un choix, qui ne t'en plaints pas.

<u>ATTENTION!!!</u> "-Tu finiras vieille fille avec des chats."

J'suis sure qu'à toi aussi on t'en a balancé des conneries comme celle là.
Attends j'en ai d'autres:

- Tu pourrais t'habituer à ta liberté et ça sera très dur de revivre à deux.
– Tu risque de devenir exigeante tu ne trouveras personne assez bien pour déranger tes habitudes.

Et bla et bla, bla bla bla bla ...

Pour la plupart des gens qu'un mec soit célibataire, voit ses potes, joue au foot et honore 5-6 filles dans la semaine c'est normal. Par contre les filles, mêmes si aujourd'hui vous avez le droit de vous dévergonder un peu (pas trop quand même t'es qu'une fille) faut pas que ça dure.

Je t'explique: Une fille c'est mignon, gentil, romantique, ça rêve de mariage, de grande famille et d'enfants. Sans parler de la maison, la barrière en bois, le kangoo et le chien. M'enfin... passons les clichés.

Si tu es moderne, indépendante, que tu assumes ton célibat (ou tes coups par ci par là), que tu ne passes pas tes soirées à pleurer devant coup de foudre à Niaiseriland en mangeant de la glace: quelque chose ne va pas chez toi. C'EST MAL.

Pour avoir une petite idée j'ai regardé autour de moi. Autour de la quinzaine elles rêvent toute de faire maman/femme au foyer et rares sont celles qui ne sont pas déjà casées et enceintes à 23-24ans. Quand le 2e n'est pas en route.

Tu as déjà entendu parler des catherinettes?

A l'époque les filles qui n'étaient pas mariées à 25ans avaient droit à une fête. On les réunissait, on leur faisait porter des chapeaux vert et jaune et c'était l'occasion de leur trouver un mari. Une genre de foire ou les mecs venaient chercher une femme désespérée qui allait lui concocter de bons petits plats, et où les femmes se montraient au meilleur d'elles-mêmes afin d'être digne d'assurer la progéniture du mâle.

Je suis désolée de te l'apprendre mais passé 25ans tu es périmée.
Alors les filles si comme moi vous avez dépassé la date de péremption ou n'en êtes pas loin, inquiétez-vous. Bientôt vous serez comme ces barquettes de viande au supermarché que l'on repose car elles ne sont plus des premières fraîcheurs.

Pilule ou désir, il faut choisir.

Faut que je te raconte mon histoire, tu vas A-DO-RER.

Après 10ans de prise de pilule intensive et une séparation, je décide d'offrir à mon coeur un peu de repos et donc d'arrêter la prise de contraception.

Quel soulagement de ne plus avoir à prendre ces petits cachets chaque jour. Plus besoin de me demander si je les ai rangé dans mon sac avant de sortir. Plus d'alarme sur mon téléphone. Finis les règles douloureuses, plus de maux de têtes quasi permanents. Bref, c'était la fête.

MAIS à ma grande surprise je n'ai pas seulement retrouver la liberté. J'ai aussi retrouvé ma libido!!!

Enfin retrouvé.. encore faudrait-il un jour que je l'ai perdue, car je n'en avais jamais vraiment eu.

C'est donc après 10ans de vie sexuelle et le plus grand des hasards, que j'ai fais cette grande découverte.

Moi qui pensais être une personne peu passionnée par la chose, que les mecs ne pensaient qu'à ça, que c'était chiant l'hiver parce qu'il fait froid et tout autant l'été car on transpire, que ça prend du temps pour pas grand chose....

Et bien sur, c'est en étant célibataire que je me rends compte que j'ai des envies, quelle ironie!

Comme bon nombre d'ado, j'ai commencé la contraception pour calmer l'arrivée des boutons. Avant même de connaître le désir, l'envie, les plaisirs de la chair.. j'étais déjà soumise aux hormones. (bon ok à l'époque ça m'arrangeait)

Quelle fut ma surprise quelques jours plus tard en découvrant un article chez ZoneZéroGêne traitant de ce sujet! Je ne suis donc pas la seule à qui c'est arrivé. En lisant l'article ainsi que les différents commentaires je constate qu'elles non plus n'ont pas été renseignées de cet effet. Et apparemment il existe d'autres solutions pour palier à ce "léger" inconvénient.

Alors les mecs, je vous le dis aujourd'hui: Je suis désolée. Désolée de vous avoir considéré comme des pervers ou obsédés sexuels. Désolée de ne pas m'être montrée plus compréhensive. Et je suis désolée de ne pas m'être montré plus gourmande.

[Pour ma défense, j'ai demandé à me faire ligaturer les trompes ou provoquer une ménopause mais le fait de ne pas vouloir d'enfant ne semble pas le justifier. De plus je suis trop jeune à ce qu'on m'a dit.]

Baiser ou baiser?

Et non je n'ai pas perdu l'esprit (quoique..) ça s'écrit de la même façon mais je parle bien de deux choses différentes. Alors je te la refais: une pelle ou un orgasme?

Dernièrement je me suis faite une réflexion et comme je suis trop sympa, je viens vous la faire partager. Mais avant tout: explications!

Comme dans tous les domaines, dans celui du roulage de pelle aussi il y a des gens plus ou moins doués. Et y'en a qui ont carrément du mal! Je parle pas du premier bisous raté, des timides ou un peu maladroits. Je parle de tous les handicapés de la bouche. Ceux à qui aucune fille n'a jamais osé dire "attends je vais te montrer parce que là ça craint".

Quelle fille n'a jamais détourné la tête: pour admirer une chose sans intérêt, parce qu'elle ne voulait pas aller trop vite, elle avait un chewing gum, elle sortait du dentiste et ne sentait plus rien/ne pouvait ouvrir la bouche (rayer la mention inutile)

Alors qu'en réalité elle voulait simplement échapper à un baiser du genre:

-médical: je vais t'inspecter les amygdales (au secours je respire plus!)

– bourrin: je rentre en force (pas besoin de faire un trou, je pourrais ouvrir la bouche mais en fait j'ai pas envie)

- hydratant: je te trempe le visage (la salive est peut-être utilisée dans des soins du visage, je ne connais pas les coutumes de tous les pays)
- gourmand: je te mange les lèvres (j'ai bien dis manger et pas gouter pour taquiner)

Fais pas genre, "nan je suis pas comme ça", "il a d'autres qualités je suis patiente". Mon oeil ouai!

Pour ma part quand un mec est un minimum doux/attentionné, que ses caresses me font frissonner, qu'il fait monter la chaleur... je lui pardonne sans soucis qu'il ne me donne pas d'orgasme si j'aime ses baisers.

Par contre un dieu du sexe qui me fait jouir à chaque fois mais qui ne sait pas embrasser ça je peux pas!

(En même temps je dis ça mais je ne sais pas si ça existe un mec qui sait baiser mais pas furer*? Quand il maîtrise pas la base, ca me parait difficile que la suite tienne la route. Alors je cherche même pas à le savoir.)

Je me demande donc si j'étais la seule. Alors: <u>roulage de pelle VS orgasme?</u>
- Si vous préférez un master de roulage de pelle à une maîtrise de la foufoune tapez 1
- Si vous préférez une maîtrise parfaite du clito à un échange de fluides buccaux tapez 2
- Si vous ne concevez vraiment pas l'un sans l'autre tapez 3

<u>Citations pour la route:</u>
Le baiser est en amour ce qu'est le thermomètre en médecine. Sans lui, on ne se rendrait jamais exactement compte de la gravité de son état. [Pierre Daninos]

Un baiser : c'est une demande adressée au deuxième étage pour savoir si le premier est libre. [Alphonse Karr]

Un baiser est un tour délicieux conçu par la nature pour couper la parole quand les mots deviennent superflus. [Ingrid Bergman]

Lexique:

Furer: expression marseillaise désignant le fait d'embrasser avec la langue

Quand je serais grande j'épouserais un militaire ou un routier

J'entends déjà les voix se lever, l'incompréhension de l'assemblée, l'inquiétude des futures mères....
Mais pourquoi vouloir d'un type qui n'est jamais là? Ben justement il est jamais là!

Poses toi sur le canapé, prend une chaise et attrape une tisane je vais t'expliquer.

La vie de couple ça apporte toujours des habitudes, des rituels, une routine et forcément un jour on se lasse. Avec un type régulièrement absent ça résout une bonne partie du problème.

La semaine tu es tranquille pour voir tes amies, traîner en pyjama coton et chaussettes, écouter christophe maé (la honte quand même), pleurer devant titanic... Tu échappes aux soirées foot à la tv, tu ne retrouves pas ses chaussettes sales chaque soir, pas besoin de prétexter une migraine et il aura du mal à te surveiller toute la journée.

Le week-end tu es heureuse de le retrouver, vous vous racontez votre semaine, vous faites l'amour comme des fous, vous n'avez pas le temps de vous prendre la tête pour la couleur des rideaux (toute façon il s'en tape il ne les voit jamais!)

Bon ok va falloir que tu sortes les poubelles toi même et tu pourras pas réchauffer tes pieds gelés chaque nuit sur les siens. Mais les poubelles c'est pas si terribles et puis prends un chat ça tient bien chaud l'hiver.

Alors militaire ou routier? Et pourquoi pas un steward?
Si je peux te donner un dernier conseil: opte plutôt pour le militaire:

- bonne paye et retraite
- bonne endurance pour les galipettes
- peu de chance qu'il finisse obèse
- je doute qu'il ait envie de te tromper avec les camarades de la base
- il a l'habitude de faire son lit

Finis ta tisane, je te laisse méditer...

Ranges ton engin, tu vas blesser quelqu'un!

Oui oui, je parle bien du service 3 pièces.

Alors ok la taille c'est pas le plus important, il faut avant-tout savoir s'en servir. Mais faut quand même reconnaître que dans certains cas, hors standard (14cm pour info), la taille peut alors occuper une grande place.
Dans ton vagin aussi!
"-Euh.. en fait j'ai pas rangé les courses et la glace va fondre, faudra remettre à plus tard si ça te gène pas..."

Petit détail tout de même, ce n'est pas tant la longueur qui soit inquiétante mais plutôt le diamètre.

Quand on y pense la longueur ne joue pas vraiment au moment de la pénétration et une fois dedans, qu'il aille plus au moins loin, ça ne fait pas une grande différence. (sauf cas exceptionnel bien sur..) Normalement il s'arrête quand il arrive au bout. Mais la circonférence c'est autre chose. Imagine le diamètre correspondant à celui d'un stylo et ensuite à celui d'un pied de chaise.... Tu visualises c'est bon? Ben quand tu te retrouve en face du deuxième ça donne ça: - Aie! T'es sur que c'est aux normes?

Bon là t'essaies de te rassurer: y'a des femmes qui sortent des gosses de là tous les jours, c'est pas si terrible. (sauf que leurs corps ont eu 9 mois pour s'y préparer!!!) Tu te dis on va y aller doucement, bien lubrifier et y'a pas de raison que ça n'aille pas.

En pratique, si t'es détendue, ton partenaire aussi ça le fait. Faut juste éviter de se prendre la tête des deux cotés sinon tu vas lui faire un garrot et lui va forcer, ça va être douloureux des deux cotés.

Ça me fait penser à ces jeux pour enfants où tu dois replacer les morceaux dans les trous correspondants en fonction de la forme et de la taille. Ben quand tu te goures, ça coince, ça veut pas....

Alors je me pose une question: Suis-je la seule à qui ça fasse peur?

Il m'attire mais pas physiquement

Dans un monde parfait remplis de bonheur, d'amour et de papillons roses les gens ne font pas attention au physique. Dans notre monde, on s'attache d'abord au physique, ensuite à la personne. Si le physique ne colle pas, on passe son chemin. Sauf que maintenant nous avons la technologie!!
Grâce à internet, au tchat sms, nous avons la possibilité de discuter avec des millions de personnes dont nous ignorons tout. (Au final on a tout le monde à porté mais on voit plus personne)

Et là il se passe cette chose inhabituelle: on s'attache à une personnalité, un caractère, une façon d'écrire... Mais quand vient le moment de se rencontrer: "- ah mais t'es gros! - c'est quoi ces fringues de merdes? - t'es petit en fait! - tu m'avais pas dis que t'as les oreilles décollées!"

Fais pas genre, on est méchantes c'est comme ça.

Donc là deux possibilités:

- Nan mais c'est mort, oublies moi.
Pas très sympa mais qui a le mérite d'être honnête.
- Avec le temps je vais m'y faire.
Tu le penses sûrement, du moins tu as envie d'y croire mais en fait nan c'est pas possible. Quand ça passe pas, ça passe pas.

Pour commencer chaque fois que tu vas le regarder tu vas y penser. (C'est vrai tu peux fermer les yeux et imaginer quelqu'un d'autre mais ça fait pas vraiment faire avancer le chmilblic.)

Ensuite tu vas pas trop avoir envie de t'afficher à ses côtés Soit parce que c'est la honte soit tu vas culpabiliser parce qu'au fond tu sais que tu tiendras pas.

Je peux me tromper mais je pense pas. J'ai tenter l'expérience une fois, le gars était adorable, attentionné, romantique...tout ce qu'une fille peut désirer et pourtant je n'ai pas pu. J'avais l'impression de me foutre de sa gueule c'était angoissant.

Alors tu fais ce que tu veux mais franchement s'il te plaît pas j'te conseille de laisser tomber, ça fait mal.

Bien entendu, si c'est les fringues qui coincent, un tour en boutique et c'est réglé.

Oui mais je l'aime

Qui n'a jamais entendu cette phrase oh combien désespérante, tentant de justifier une chose incompréhensible, inconcevable, inimaginable (et j'en passe) pour les pauvres spectateurs que nous avons tous été un jour?

Car oui, on subit tous un jour dans notre vie ces 4 mots qui résonnent encore en moi comme la preuve sacré que la connerie humaine est bien plus infinie que l'univers lui-même. Ben oui l'univers on est pas encore capable d'aller vérifier...
Je me souviens encore de cette voisine, qui rentrait le nez en sang, trouvant des excuses à son petit ami car oui elle l'aimait. Je te vois déjà venir: c'est pas facile de partir, peut être qu'elle n'avait pas de travail, d'endroit ou aller.... Je t'arrête tout de suite, elle vivait chez ses parents et allait encore à l'école, donc aucune excuse pour ne pas fuir.

Bien sur toutes les personnes employant cette phrase ne sont pas battues mais cela ne change pas forcement le problème.

Combien ferme les yeux sur?
- des infidélités (oui oui ça lui passera t'inquiète, continue de rien dire, la culpabilité va bien le saisir un de ces jours...)

- des coups (il était juste énervé, un peu d'alcool n'a pas aidé, il s'en veut en plus, il recommencera pas c'est sur!)

- des séparations répétées (tu n'es pas une roue de secours faute de mieux, il faut juste qu'il profite un peu avant de s'engager pour de bon)

- un égoïsme même pas camouflé (c'est tout à fait normal de faire la boniche à la maison pendant que l'autre sort faire la fête, il/elle a besoin de décompresser de temps à autre)

J'en oublies des tonnes mais la liste est bien trop longue.
"- Mais oui mais tu comprends pas l'amour c'est trop fort, ça passe au dessus de tout, on contrôle pas.

— Ma main dans ta figure aussi je vais pas contrôler désolé."

Toute façon, quel-qu'en soit la raison, on sait bien qu'il y aura toujours une bonne raison de le/la défendre, quoiqu'il se passe ça ne justifiera jamais de faire ses baguages, quoi qu'il/elle dise ou fasse sera toujours pardonné.

Moi j'appelle ça de la connerie, de la lâcheté, un manque de volonté..... mais certainement pas de l'amour!

Alors donnes ton avis: combien d'os brisés/de trahisons/de maîtresses/d'abandons.... justifient d'abandonner cet être tant aimé?

Demoiselle – Dame

Suite à la connerie des féministes voulant supprimer la case mademoiselle qui selon elles « serait en trop », en visitant quelques sites par ci par là, je m'aperçois que je ne suis pas la seule à tenir à ce statut.

Mais pourquoi vouloir se faire appeler madame dès la majorité? Je ne suis ni mère, ni mariée, et encore moins adulte! Je tiens à être une demoiselle. Je trouve ça tellement plus mignon, et puis ça sonne bien aux oreilles vous ne trouvez pas?

En plus de ça, quelle satisfaction quand on passe à la caisse à côté d'un beau jeune homme et que l'on nous appelle mademoiselle. Rien de tel pour lui signifier: «-Oui tu as bien entendu je ne suis à personne, totalement libre, je pourrais être à toi!»
Et inversement…

Vous n'avez jamais vu la fierté sur le visage d'une femme fraîchement mariée? Lorsqu'elle s'entend appeler madame. On sent tout de suite le changement dans sa vie, le bonheur de présenter son doigt orné d'un bel anneau. Y'a pas à dire, devenir une dame ça en jette, ça a tout de suite de la classe, tu n'as plus les mêmes valeurs, tu peux te la jouer.

Alors pourquoi ne pas garder le demoiselle et instaurer le damoiseau ? Quand je croise un gars de 19ans, bourré tous les week-ends, à l'humour pipi/caca … je serais un homme d'un certain âge, respectable, père de famille… j'aurai les boules de me dire qu'on m'appelle de la même façon que ces jeunes.

Bon vous me direz rien n'empêche de le renommer à sa sauce: jeune puceau, attardé, ado pré-pubère…

Alors pour le damoiseau ou contre le demoiselle?

Ça ne va pas? Devine!

Qui ne s'est jamais retrouvé démuni face à ce petit mot? 3 syllabes qui creusent un putain de fossé entre 2 êtres. L'un cherchant à comprendre ce qui se passe dans la tête de l'autre, et le second refusant de parler mais qui espère que le premier va deviner.

Alors aujourd'hui je dénonce ces personnes et plus particulièrement les femmes. (Oui je m'attaque à mon camp et alors? Comme d'hab..)

Aux dernières nouvelles je suis moi-même une fille (nan pas encore une femme, faut pas déconner) et pourtant je ne comprends pas pourquoi vous persécutez ainsi vos copains/maris ainsi.
MAIS POURQUOI????

Ok avec les années, on discute, on apprend à se connaître. Donc avec le temps –en théorie- l'autre doit être capable de deviner certaines choses.

Mais soyons honnête: on ne l'est pas (honnête). Combien de couple se connaissent vraiment? Combien d'hommes et de femmes sont vraiment transparents pour leur moitié? Faut bien l'avouer : on garde pas mal de chose pour soi.

Quand ton mec fait une connerie aussi flag que de se faire goler en plein mattage de porno je comprends qu'il doit être capable de savoir ce qui t'as mise en rogne. (Je ne vois pas le mal, mais je comprends que la princesse que tu es, puisse être choquée)

Mais quand il fait simplement un faux-pas, une petite réflexion sans importance à ses yeux, ou encore quand ça ne le concerne même pas.. Comment peut-il savoir que pour toi ça à de l'intérêt? Monsieur n'est pas devin, il n'a pas le don médiumnique de comprendre la femme à la naissance.

Sache qu'il ne fonctionne pas de la même manière que toi. Il est moins attaché aux petites choses et à la forme que les fragiles et sensibles petites fleurs que nous sommes. Comment veux-tu qu'il comprenne??? C'est notre vécu qui fait que l'on réagit tous de façons différentes face à une même situation.

ALORS ARRETE DE CROIRE QUE TON MEC DOIT SAVOIR ET QUE C'EST NORMAL: NON CA NE L'EST PAS!!!!

Si tu n'es pas bien parce que tu n'as pas trouvé ces superbes chaussures qui étaient pourtant dans la pub et dont tu lui avais parlé la veille: DIS LUI!! Il ne comprendra certainement pas pourquoi ça te rend malade mais il sera tout de même capable de te prendre dans ses bras et de te soutenir moralement.

C'est marrant toi tu sais toujours quand ça va pas chez lui: Merde fais chier, ma grand mère elle aurait pas raté un tir pareil!! Oui c'est cliché mais reconnaît: les mecs ça s'expriment plus clairement.

<u>Mon conseil du jour:</u> Si tu n'as pas envie de parler et que tu préfères que ton prince devines tes soucis => commence par lui écrire un mode emploi!

Migraine à 10000€

Je ne sais pas si tu as entendu parler de cette histoire mais quand on parle de devoir conjugal ce n'est pas une blague. Ne pas forniquer peut coûter cher !!

Pour rappel:

Un homme qui ne faisait plus l'amour à sa femme depuis quelques années a été condamné suite à leur divorce. Ses problèmes de santé et ses longues heures de travail pouvant expliquer sa fatigue et son manque de motivation (elle avait peut-être prit du bide aussi) n'ont pas été jugés comme une excuse valable face à la frustration de sa femme.

Le petit mot de la cour :

"Les attentes de la femme étaient légitimes dans le sens où les relations sexuelles entre personnes mariées sont une expression de leur affection mutuelle et font partie des droits et devoirs des époux et épouses"

D'un côté je la comprends son ex-femme. C'est vachement frustrant quelqu'un qui ne veut jamais te toucher. Pis ça fait mal au moral, on se demande si on n'a pas un truc qui cloche à force.

C'est vrai elle pouvait prendre un amant...Mais ça aurait pu lui retomber dessus lors du divorce.

Enfin vu les circonstances j'imagine déjà le commentaire de la cour:

« L'adultère ne devrait pas exister. Cependant face au manque d'attention et d'affection de son mari, nous comprenons comment, dans un profond désarroi, elle a pu se tourner vers une tierce personne pour combler ce vide émotionnel que son époux se refusait à combler. »

Fin bref, tout ça pour dire : Fais gaffe quand t'as la migraine, la flemme, que tu penses déjà à la douche que tu vas devoir reprendre derrière, au froid quand tu vas te dessaper, au lit qu'il va falloir refaire... Ça peut faire mal au cul !!!!!! (Je parle du porte-monnaie hein !)

Le conseil du jour : Fais l'étoile de mer.

Ok c'est pas top dans un souci d'échange et de partage mutuel. Mais on s'en tape! La plupart des mecs sont motivés à faire tout le boulot tant qu'ils peuvent te faire l'amour. Dis-toi que d'une: ton mec t'en sera reconnaissant (qu'ils sont faciles à manipuler...) et de deux: ça évitera de débourser des tunes s'il lui venait l'idée de se plaindre.

C'est quoi un bon coup?

D'après ce que j'ai pu observer et entendre, je me dois d'enfiler ma cape et mon string sur mon leggin pour faire la guerre à toutes ces conneries trop répandues.

Homme si tu me lis je vais t'expliquer quelques petites choses:

1- C'est pas parce qu'elle ne crie pas qu'elle ne prend pas de plaisir.
On est pas toutes bruyantes. On ne plante pas toutes les dents dans l'oreiller. On a pas forcement besoin de hurler proportionnellement à notre plaisir. N'oublions pas que nous sommes de pauvres petites choses timides, faire trop de bruit peut être gênant.

2- Pas besoin de jouir a chaque fois.
Le plus important pour nous n'est pas d'avoir un orgasme à chaque partie de jambes en l'air. Ok c'est toujours agréable et si on en avait jamais là ça serait différent. Mais ne pas jouir tout le temps ne nous pose pas de problème tant que l'on partage du plaisir et que l'on s'amuse.

3- Pas besoin de faire le marteau-piqueur durant des heures.
Un mec qui va faire ça en 5minutes histoire de se soulager c'est franchement pas motivant. Mais pas besoin de basculer dans l'extrême contraire. Les vas et viens c'est bien mais durant 3 heures ça fait long. On ira pas raconter aux copines: - Il a tenu 5h d'affilé, non mais t'imagine comment il assure?! Au contraire on dira plutôt: - J'ai cru qu'il voulu détenir un nouveau record, je crois que j'ai du m'endormir à un moment j'en pouvait plus!

4- Donc pour être un bon coup quelques conseils:
—   Ne pas négliger les préliminaires. Je parle de caresses, de baisers, de langues qui titillent, pas seulement de lui fourrer un doigt...

- Être attentif à l'autre. Ne pas se focaliser sur l'objectif orgasme mais observer tout ce qui la fait réagir.

- Se laisser aller. Être un peu bestial de temps en temps. On ne veut pas toujours être de gentilles princesses a qui on doit faire l'amour sur lit de pétales de roses. Plaque là contre un mur à l'occasion.

- Parler. Que ce soit pour de petits mots doux à l'oreille ou des mots plus croustillants. Exprimer également vos envies, dites lui ce qui vous plaît et demandez lui également.

C'est vrai on est toutes différentes mais voilà les grandes lignes auxquelles nous sommes toutes réceptives.

Sur ce, je vais arracher cette ficelle qui me déchire les fesses et poser mes bottes de super sex-girl.

Liberté sexuelle ou nouvelles normes?

Je m'étais déjà fait la réflexion en écoutant certains mâles à la poésie douteuse, parlant de sexe de façon crues et plutôt vulgaire. (Je lui aurais bien défoncé son cul à cette chaudasse.)

Je me suis demandé si tous les hommes pensaient comme eux -bien que n'osant pas le dire- ou si j'avais simplement quelques connaissances pour qui le respect est une notion totalement différente qu'il s'agisse du quotidien ou de cul.

En fouillant le net, sans réelle destination, je suis tombé sur un sondage concernant la sodomie. Voilà ce qui en ressort : (je l'ai copié/collé tel quel)

- 25% des lecteurs trouvent que rien n'est meilleur au monde que la sodomie (mais sur ces 25%, on compte seulement 12% de femmes),
- 58% pensent que cette pratique est sympa mais sans plus (et là brusquement on a 30% de femmes),
- 10% détestent (50% de femmes, l'étau se resserre),
- 7% n'ont pas d'opinion (66% de femmes).

Personnellement ces résultats me dérange.
Je m'en tape que des gens pratiquent ou non la sodomie, chacun fait ce qu'il veut de son cul. Ce qui me gêne, c'est que pour la plupart des hommes qui apprécient cette pratique (83% si on additionne les 2 catégories) ce n'est plus une variante de l'acte sexuel mais bien une norme/un dû. Ça leur parait tellement banal qu'il ne trouve pas normal que nous puissions refuser cette pratique.

Sous prétexte que nous les filles, les femmes d'aujourd'hui sommes plus libérées sexuellement, nous devrions donc aimer et pratiquer toutes les choses qui existent. Pour celles qui seraient réticentes nous serions traitées de chochottes, de petites natures ou encore de coincées.

Une autre chose qui illustre de manière plus flagrante ces nouvelles normes : l'épilation. Combien de mecs ne supportent plus les filles qui ne sont pas épilées intégralement ? Nous même nous trouvons ça normal d'avoir l'apparence d'une petite fille pré-pubère.

Alors je me pose quelques questions :

Ces mecs s'épilent-ils tous les couilles testicules ?
Est-ce que la fellation est considérée comme un préliminaire obligatoire ?
Tous ces hommes qui réclament « leur du » pratiquent-ils systématiquement le cunnilingus ?
Et si on leur proposait de leur faire les fesses ? La chose serait elle aussi normale dans ce sens ?

Pour moi, la liberté ne signifie pas pouvoir = devoir.
Pour moi, la vraie liberté c'est la capacité de choisir avec qui et comment j'ai envie ou non de le faire.

Après on s'étonne que les femmes ont la migraine...

Légalisons la prostitution!

Non je n'ai pas l'intention de démarrer une nouvelle carrière. Je n'ouvrirais pas non plus de bordel/maison close.

Je me demande juste pourquoi de nos jours la prostitution est encore illégale ?

En cherchant par ci par là, on s'aperçoit qu'à travers l'histoire les maisons closes ont été ouvertes, fermées, puis ré-ouvertes, puis de nouveau fermés... Bref on ne sait pas trop pourquoi mais personne ne semble d'accord sur la légitimité de cette profession.

Mais pourquoi ????!!!
Il est question de morale, de tabou, de vigilance, de prudence... Attends, c'est moche une fille à moitié nue sous un arrêt de bus à 3h du mat' !
Je me souviens avoir lu aussi que c'était considéré comme de l'esclavage. Mouai, faudrait penser à se mettre à la page tout de même.

Alors oui il faut différencier les prostituées contraintes et les volontaires, mais la profession à évoluée.

La prostituée moderne ne s'affiche plus sur les trottoirs tard le soir. Elle a un site internet, elle choisit ses clients, elle est son propre patron, travaille aux horaires qui lui conviennent et il faut bien le dire gagne plus en quelques jours qu'un salarié durant le mois. (175 euros la passe.. tu gagnes combien dans ta journée?)

D'après les témoignages dans diverses interviews ou reportages certaines prostituées aiment vraiment le sexe.

Alors plutôt que de tirer un coup le soir avec un inconnu autant que ça leur rapporte.

Moi je comprends qu'elle préfère se taper quelques mecs dans le mois pour payer les factures et profiter de leur temps libre, pour faire du shopping et aller à la plage, plutôt que de se casser le cul comme nous à bosser pour des gens qui ne savent pas que l'on existe et gagner une misère chaque fin de mois avec 8 jours pour prendre l'air sur 30/31.

Une question me turlupine, si la prostitution n'est plus une activité contrainte et forcée mais un choix délibéré, pourquoi est-ce encore interdit ?
Peut-être est-ce parce que l'état ne peut pas (encore) taxer nos corps?

En cherchant bien je suis sure qu'il pourrait trouver une taxe applicable à cette activité. Mais c'est clair que ça ne rattrapera pas celle des clopes !

Épilation intégrale ou tendance pédophile

Ouai ok J'avoue j'y vais un peu fort.
Suite à une réflexion dans un précédant article je viens t'éclaircir mon point de vue.

Je ne dis pas que tous les mecs qui préfèrent une fille totalement lisse du bas ventre ont des préférences pour les petits enfants. Je dis simplement que moi, ne plus avoir aucun poil à cet endroit me donne l'impression de revenir en arrière, lors du primaire. Il me manque quelque chose. On dirait une petite fille et je ressens un malaise. Alors oui je me suis demandé si le fait que des hommes préfèrent des filles imberbes n'avaient pas quelque part (même très très loin) des tendances pédophiles.

C'est vrai que les broussailles ce n'est pas esthétique et ça donne pas envie de s'y aventurer. « -attends chérie, je vais chercher la serpe je reviens, là j' trouve pas le trou. » Mais si les poils n'ont pas disparus de cette surface c'est aussi parce qu'ils nous protègent (au même titre que les cils) des infections et autres microbes.

Alors sans parler de tout garder il est aussi possible de raser / tondre de près. Il y a des produits qui font ça très bien.

Pour clore le sujet: je rappelle que cet avis ne concerne que ma personne. Chacune fait ce qu'elle veut, ça ne me regarde pas. Je m'en tape de la façon dont tu te taille la touffe!

Saint valentin

Là tout de suite les filles vont adorer le titre, alors que les mecs vont vouloir fuir. Mais ne vous inquiétez pas ! Avec mon grand romantisme on ne sombrera pas dans la déballe de sentiments.

Question : qu'est-ce que la saint valentin ?

-Pour les femmes
C'est une fête symbolique qui permet de montrer son amour. Elles attendent impatiemment le 14 février depuis le jour de l'an, en se demandant « - quel cadeau mon chéri va pouvoir m'offrir ? Quelle surprise m'a-t-il concocté ? Dans quel restaurant il va l'emmener ? » Elles seront toutes fraîches et pomponnées pour accueillir monsieur.

-Pour les hommes
C'est un jour comme un autre, une simple idée commerciale pour faire sortir du fric et qui prend la tête parce qu'ils savent que leur chérie va leur faire une crise s'ils oublient. « -Pourquoi tu n'est jamais romantiques ? Tu ne tiens pas à moi ! » D'autres vont se frotter les mains à l'idée que leur moitié sera forcément d'humeur coquine ce soir... Non, je ne te fais pas de dessin tu imagines très bien la scène.

Il me semble avoir lu (je ne sais pas si c'est exact) qu'à l'époque, les hommes faisaient la cour aux femmes. C'était l'occasion d'écrire un poème et déclarer sa flamme. Les femmes pouvaient alors choisir un valentin parmi leurs prétendants. Au fil du temps les gens se sont mis à faire des cadeaux. Un petit malin s'est dit alors que c'était l'occasion de faire du bénéfice et voilà où nous en sommes aujourd'hui. Je pense qu'il n'y a pas besoin d'un jour spécial pour faire des cadeaux ou être attentionné avec l'être aimé. On peut très bien faire ça n'importe quel jour de l'année. C'est plus spontané, et les surprises font toujours plaisir.

D'un autre côté je peux comprendre l'attente d'un jour spécifique. Ça fait monter la curiosité, on devient impatient(e), ça peut être excitant.

En conclusion je dirais qu'il y a du bon et du mauvais dans cette fête. Certains se prennent un peu trop la tête, d'autres devraient en profiter pour faire un effort une fois dans l'année. L'essentiel étant de se mettre d'accord sur la signification et la façon de la fêter ou non. Ensuite il ne reste plus qu'à s'amuser.

Amitié homme/femme=utopie?

On m'a souvent répété que je ne pouvais pas être réellement amie avec un garçon. D'après ma mère ce genre d'amitié n'existe pas. Il y a forcément de l'attirance physique quelque part.

Donc je me pose deux questions:
- Si j'étais moche, mes amis ne voudraient plus être mes amis?
- Et si mes «amis» n'arrivaient jamais à leur fin, au bout de combien de temps ne me donneraient-ils plus signe de vie?

C'est vrai qu'il existe une vieille technique qui consiste à se rapprocher d'une personne en commençant par être son ami.
Bon je précise que je considère cette technique totalement foireuse. Elle finit par cataloguer les hommes en bons copains au même titre que n'importe qu'elle autre copine: « - Je ne veux pas risquer de gâcher notre amitié »

Et cataloguer les femmes en bonne copine à qui on raconte ses exploits sexuels mais que l'on ne touche pas : « - C'est comme ma sœur ! »

Bref, un homme et une femme ne peuvent être amis qu'à condition que l'un des deux soit attiré physiquement (et espère) mais pas l'autre.

Une personne serait donc prête à attendre des années une chose qui n'arrivera sans doute jamais? Ok l'être humain peut être patient mais quand même...

Donc deux personnes ne se sentant pas attirées l'une par l'autre ne pourraient pas être amies.

J'ai pourtant des amis rencontrés par le biais de loisirs communs... Ah mais non j'oubliais: « - C'est différent. »

Ben oui d'après la plupart des gens, quand on est en couple on peut être ami avec d'autres couples. Donc forcément il y aura une personne de l'autre sexe dans ce couple (et les homos??!!) là ça ne risque rien.

Mais alors mes potes de jeux vidéo, ceux qui sont célibataires, et mes camarades de classe ?? Ils ne verraient en moi qu'une proie potentielle, à moins que ce ne soit le décolleté.

[ironie] Elles avaient raison : tous les mêmes ces mecs!!!! [/ironie]

Désolé les mecs, je me suis sentie obligé de la faire. Mais je vous aime quand même!

Mariage religieux: engagement devant dieu VS folklore

Depuis des années j'assiste à des baptêmes ainsi que des mariages à l'église de personnes n'étant pas croyantes. Bon nombre d'entre elles n'ont jamais mit les pieds dans une église.

En gros ça donne ça donne ça:
curé: "-croyez-vous que dieu soit le créateur du monde et de toute chose?"
mariés: "-oui je crois"
curé: "-croyez-vous en jésus le fils, le père et le St esprit qui est mort et à ressusciter pour nos péchés?"
mariés: "-oui je crois"
et ainsi de suite..

Pour les personnes croyantes, pratiquantes, baptisées, confirmées... ok. J'ai aucun soucis à mettre les pieds dans une église quand l'engagement devant dieu est réel.

Par contre, pour ceux et celles qui sont prêts à suivre des réunions où l'on apprend l'histoire de la bible dont ils se fichent totalement, et qui vont même jusqu'à se faire baptiser (ce qui prend des mois) dans le seul but de faire bien, je ne comprend pas.
"-Ah ouai mais attends c'est la tradition et puis c'est trop beau une photo devant l'église!!! "
Non mais c'est quoi ce foutage de gueule?!!!

En parcourant quelques forums j'ai trouvé un bel exemple:

"Je suis non-baptisée et mon fiancé est musulman mais athé. Nous comptons nous marier d'ici une petite année, et je rêve d'un mariage dans une église (pas pour le côté religieux, mais pour le folklore). Et j'ai presque réussi à convaincre mon cher et tendre en plus. Pour être très franche, je suis tout à faire prête à raconter n'importe quoi au curé ou à signer des engagements bidons, je veux juste avoir un joli mariage dans une jolie église. Pensez-vous qu'il est possible que nous ayons une cérémonie à l'église ? Y'a-t-il des curés cools avec tout cela ?"

Outre le fait qu'elle ne sache pas tourner une phrase correctement... Ni elle, ni lui, ne sont concernés par cette religion. Mais en plus, comme la plupart des hommes, si lui le fait ce sera uniquement pour faire plaisir à madame.

Fais pas genre tu comprends pas. C'est bien connu. Le rêve du beau mariage romantique et tout le bordel c'est surtout pour la fille.

DONC.... Si demain je trouve qu'une mosquée ferait un fond trop classe pour une photo de mariage on me laissera me marier la bas? Je doute qu'un imam consente à ce genre de choses et les invités risqueraient d'être choqués (sans compter ceux qui refuseraient de venir).

Alors où est la différence?
- Dans un cas c'est tout à fait normal, une tradition même.
- Dans l'autre ce serait une supercherie, une honte et de très mauvais goût.

Je trouve que dans les 2 cas c'est un manque de respect total, non seulement de se rendre à l'église mais également de mentir devant toute une assemblée. (car bien sur si on n'affirme pas croire en tout ce que le curé énonce il ne marie pas) Assemblée où se trouveront sûrement quelques personnes réellement croyantes.

Ce qui m'étonnait encore plus ce sont les curés qui sont prêt à marier des amoureux qu'ils n'ont jamais vu assister à une messe. En cherchant un peu j'ai trouvé ça sur un site : *"Une personne non croyante peut se marier à l'église à condition qu'elle soit en accord avec les éléments essentiels du mariage chrétien (liberté, fidélité, indissolubilité et ouverture à la fécondité) et qu'elle s'engage à respecter la foi de son conjoint."*

Il semble que prononcer des vœux à l'église sans conviction religieuse soit possible mais il s'agit plus de s'engager dans le respect des croyances de l'être aimé.

Vous l'aurez compris, si je dois me marier un jour on ne me verra pas -de près ou de loin- approcher d'une église. Tant pis pour les photos!

Idiocratie

Pour ceux qui n'auraient pas vu ce film à l'humour discutable, je vous fait un rapide résumé:

Vu le degré de connerie du monde, les gens intelligents évitent de faire des enfants. Ils ne veulent pas de cet avenir pour leur progéniture. Les débiles eux ils s'en tapent, ils ne s'en rendent même pas compte (trop cons pour ça) alors comme ils n'ont rien de mieux à faire ils se reproduisent.

Les chercheurs trop occupés à gérer les troubles de l'érection et les implants mammaires ne se soucient pas non plus du problème.

Résultat: des centaines d'années plus tard, le monde est peuplé de cons, les gens lisent comme des gamins de CP, ça s'insulte et grogne partout et l'eau (même au robinet) est remplacée par une marque de soda.

Donc là tu vas me dire « - On s'en tape de ce que tu regarde à la TV, qu'est -ce que ça vient foutre ici? »
Justement j'y viens... On est en plein dedans!!
En plus des téléréalités, du langage sms et du fait que le mot « lol » fasse désormais parti du dictionnaire...

T'as pas remarqué que les femmes qui travaillent ne font plus ou peu d'enfants? Par manque de temps, par envie de garder un certain train de vie, par peur de l'avenir du monde dans lequel il va grandir....

Par contre qu'est-ce que l'on a comme abrutis qui font des gamins!!! (regarde confession intime)

On est entouré de gamines qui rêvent de se marier et avoir des gamins. Jusque là ok rien de bien grave.

Mais elles font des gosses avec des mecs qui se comportent comme des gamins. Et ça, tout en espérant que ça va arranger leurs problèmes.

" - Ça me saoule, mon mec il est jamais là, il préfère bichonner sa bagnole, il a la flemme de travailler, pas envie de s'engager, il est tout le temps avec ses potes..."
RAYER LA MENTION INUTILE (oui y'en a qui cumulent aussi)
Une fois que le gamin est là.... « - Oh il change pas! Mais comment est-ce possible? »

« - NAAAAANNNN C'est pas vrai! Nan mais t'es conne ou quoi?! »

Fin bref, là elles sont dégoûtées car maintenant elles ont un gosse sur les bras, donc va falloir faire avec durant les 20 prochaines années. Ben oui, histoire qu'il soit en âge de comprendre que sa maman veuille fuir ce méchant monsieur qui n'a jamais été à la hauteur de ses espérances.
" - Maman le savait dès le départ mais tu comprends elle était amoureuse.."

Bon ok, tu vas me dire que certaines sont heureuses aussi. Oui je suis d'accord, elles sont tellement aveuglées par les exploits journaliers qu'elles aiment tant nous partager sur les réseaux sociaux, qu'elles ne se préoccupe plus du tout de leurs problèmes extérieurs. Mais ignorer une chose ne veut pas qu'elle n'existe pas.

Un jour le mioche aura sa vie, il partira de la maison, laissant sa maman derrière lui et que deviendra-t-elle?

Ben elle se rendra compte qu'elle n'a plus rien dans sa vie, elle n'a jamais bossé, n'a presque pas d'amies, aucun passe-temps et son mari est inexistant. Elle aura envie de rêver, d'ailleurs, elle aura l'impression d'avoir raté quelque chose, manqué de courage, n'aura pas prit la bonne décision...

« - Oui oui c'est-ce qu'on décri généralement comme la crise de la quarantaine. T'as tout compris »

Je vais donc passer pour un monstre mais..
DES FEMMES SE SONT BATTUS POUR LEUR DROIT AU TRAVAIL ET LE DROIT DE PRENDRE UNE DECISION SANS LEUR MARI, NE REVENONS PAS EN ARRIERE!!!!

PAR PITIE ARRETEZ DE PROCREER SANS REFLECHIR, ET SI C'EST NECESSAIRE, AVORTEZ!!! N'ALLEZ PAS GACHER 2 VIES!!!!

Permettez à ce monde d'évoluer...

Le règne de cendrillon

J'aurai pu écrire "l'influence des comédies romantiques" mais ça sonnait moins bien. Pourquoi cendrillon et pas blanche neige? Simplement parce que je l'aime pas cette co****. On a un vieux différent toutes les deux, mais ce n'est pas le sujet.

En fait je voudrais causer d'un vrai problème de notre société: le conditionnement.

Nous les filles, depuis l'enfance nous sommes martelées par les mêmes clichés. Ça commence par les dessins animés ou la belle princesse porte de jolis robes et ne fait rien de ses journées tout en attendant son beau prince charmant qui viendra la sauver. (et lui faire plein de gamins)

Ensuite on a droit aux comédies romantiques avec le beau gosse du moment (Patrick Dempsey/Chris Evans/Robert Downey JR..) qui a toutes les qualités du monde et qui est prêt à tout juste pour t'émerveiller.

Donc nous, dans nos têtes, c'est tout naturellement que l'on s'imagine que l'on va vire le même genre d'histoires, et que tous les mecs dignes de nous sont beaux, intelligents, drôles, serviables, sexys, déterminés, taquins, romantiques… voir même pétés de tunes (pour les cadeaux)

Le soucis c'est que dans la réalité c'est pas tout à fait comme ça. C'est vrai que ça commence à changer et que nos mâles tentent de ressembler à nos idoles pour nous charmer mais ça reste assez rare.

De leur côté, les garçons sont bercés par d'autres images: des femmes aux ventres plats, au gros seins, qui en plus d'être des chaudasses, se cachent en n'importe quelle fille au coin de la rue.

On en voit dans les films, les mangas, les clips vidéos…

Mais alors, pourquoi ce sont les filles qui n'arrivent pas à se contenter de la réalité? Simplement parce que nous avons le pouvoir MOUAHAHAHAHAHahahah.
Et oui quoiqu'on en dise, aujourd'hui comme depuis toujours, nous détenons le pouvoir sur le sexe.

EXPLICATIONS: Un homme se contente d'un trou dès qu'il est en manque. Il peut revoir ses critères du moment que ses pulsions sont comblées. Et avec le temps/l'âge il a moins la force de courir draguer.

(ouai c'est vrai j'exagère, mais à peine pour certains.)
Une femme, elle, a plus de mal à se résigner. Elle sait qu'il y aura toujours des hommes à ses pieds. Alors elle fait la difficile et cherche l'homme parfait, celui de la TV. Quitte à passer à côté de son bonheur.

Voilà pourquoi Cendrillon nous emmerde: elle nous met des idées de merde en tête, nous fait croire que l'on va vivre un conte de fée avec une jolie robe qui change de couleur en dansant.

Mais dans la réalité: soit on se contente d'un mec lambda, soit on cherche durant des années et on finit par épouser le seul qui soit encore là au jour de nos 45ans pour ne pas finir seule. Et il risque de pas du tout correspondre à nos attentes celui-là!

(Désolé pour le lambda, c'est pas péjoratif, ça veut juste dire normal)

Je vous laisse, moi je vais regarder Wolverine :D

Premier amour... télé-réalité

Qui est déjà tombé sur cette émission de TF1? Faites pas genre, même si on aime pas ça nous arrive en zappant de tomber sur ce genre de télé-réalité.

Pour ceux qui vraiment n'ont pas pris 3 minutes pour comprendre, je vous fais un rapide résumé:
Des gens qui n'ont pas réussi à trouver leur moitié, (célibataire/divorcé) décident de recontacter leur premier amour afin de reprendre leur histoire d'amour.

Alors par où commencer?

D'une, si c'est fini il y a sûrement une bonne raison non?
Pourquoi quelque chose qui n'a pas marché il y a 2-5 voir 10ans, marcherait aujourd'hui? Je pense que nos priorités et les choses que l'on ne supporte pas, restent (dans les grandes lignes)relativement les mêmes.

Comme je l'ai déjà dis, si vous vous êtes connus jeunes, qu'un déménagement des parents, un premier taf ou autre vous a séparé, pourquoi pas. Mais si l'un des deux a souhaité mettre fin à la relation, je ne vois pas pourquoi s'acharner.

De 2, on évolue avec les années.
Même si un éléments extérieur à mit fin à la relation, se retrouver après des années de séparation creuse un écart. Chacun a fait ses expériences, découvert d'autres personnes.. Souvent les attentes évoluent, on a plus forcément les mêmes projets de vie, on attend plus la même chose de son partenaire.

De 3, pourquoi regarder en arrière, plutôt qu'avancer?
C'est si chiant que ça de chercher LA bonne personne? Rechercher quelqu'un que l'on connaît déjà, histoire de ne pas avoir trop de surprises et savoir où l'on met les pieds, c'est choisir la facilité.
Bandes de lâches!!

Je critique, je critique.. C'est vrai que c'est toujours mignon de voir des couples qui se retrouvent des années après, comme s'ils ne s'étaient jamais séparés et qui sont toujours aussi complices qu'à l'époque.

Mais pour combien ça a réellement marché? Chaque émission les gens sortent des phrases du genre: "-tu n'as pas changer" "-toujours aussi insupportable" "-tu as grossis quand même!"

Il y a également ceux qui sont sincèrement heureux de se revoir et qui veulent y croire. Dès la fin du reportage on peut lire le message de la rédaction: "après 3mois de relation, machin et machin sont finalement repartis chacun de leur côté et ne se sont plus jamais revus"

Il me semble que l'émission ne cible pas la bonne tranche d'âge.
Actuellement il y a énormément de 20-25ans, qui commencent à peine leurs vies. D'après moi il y aurait plus de résultats positifs, si les gens qui participent, avaient plus de 40ans. Passé certaines étapes de la vie, il y a moins d'interférences. Il n'y a plus le problème des études, des enfants, du travail.. Du moins elles sont moins présentes, les personnes ont déjà bien vécus et souhaitent se consacrer à une relation de qualité, elles ont également plus le temps de le faire. Enfin ce n'est que mon avis de gamine hein!

Pour terminer je parlerais d'une expérience personnelle, et oui on y échappe pas.
J'ai eu l'occasion moi aussi de retrouver mon premier amour. Pas mon premier petit copain mais celui qui a vraiment été présent pour moi, avec qui j'ai vécu ma première vraie relation de couple.

A l'idée de le revoir j'avais des sueurs froides, le cœur qui s'emballait à sortir de ma poitrine et je ne tenais pas en place. Une fois en face l'un de l'autre tout été comme si nous nous étions quitté la veille, la même complicité, ce même bien-être à ses côtés, ce sourire débile aux lèvres et nous avons parlé durant des heures.

J'en avais rêvé de ces retrouvailles, j'avais imaginé milles scénarios et j'aurai pu m'enfuir à l'autre bout du monde avec lui. Et pourtant...

Ce même soir j'ai réalisé que ça n'arriverait pas.
Quand nous nous sommes rencontré il était déjà adulte, installé, à construire sa vie. Moi je n'étais qu'une ado qui découvrait la vie, l'amour et qui apprenait à y faire face. Seulement aujourd'hui tout ça à changer.

Je suis à mon tour devenue adulte, j'ai connu d'autres hommes, appris de certaines épreuves et je n'ai plus les mêmes attentes. D'autres ont relevé la barre plus haut. D'un point de vue relationnel et sexuel. Et bien que j'ai idéalisé ce premier amour durant des années, et qu'il reste encore aujourd'hui une des personne les plus importante de ma vie, j'ai réalisé que je ne pourrais plus vivre à ses côtés, ou mêmes supporter certains traits de son caractère. Même ses baisers n'étaient plus très excitants.

J'aurais pu jouer les romantiques, comme on en voit tant à la TV et me jeter sur l'occasion mais pour quoi faire? Revivre un passé qui ne me convient plus et espérer vivre ce qu'il est incapable de me donner?

C'est peut-être prétentieux mais.... J'espère mieux pour mon avenir!

Les premières fois

On a tous été marqué dans notre parcours amoureux par nos premières fois:
- le premier petit copain
- le premier baiser
- la première relation sexuelle
- le premier orgasme
- la première vraie relation
- le premier "je t'aime"

On se souvient plus au moins de ces garçons, parfois le même, qui nous ont fait découvrir de petites choses, comme de grandes. Certains, dont on se souvient très bien, à qui l'on repense avec le sourire.

Et d'autres que l'on oubliera jamais, qui ne nous ont pas toujours fait rire.
- le premier fiasco
- la première dispute
- les premiers pleurs
- le premier lapin
- la première infidélité
- la première rupture

Il y en a également qui n'ont fait que passer. Qui n'ont pas vraiment compté. Qui ne nous ont rien appris de spécial, qui n'ont pas duré et que l'on ne cite même pas quand on parle de nos ex.

Où je veux en venir?

A tous ceux qui ont compté, qui m'ont appris, m'ont apporté, éduqué, soutenu, relevé, tenu tête, .. même ceux qui m'ont fait souffrir, et que j'ai pu détester, MERCI.
C'est grâce à vous tous que j'ai évolué et je ne regrette rien. Le passé est derrière moi et je ne souhaite rien changer. Aujourd'hui je l'ai trouvé, celui qu'il me fallait.

Alors si toi aussi, tu es à l'une des étapes de ta vie, que tu ne comprends pas ce qu'il t'arrive, que tu te sens piégée, l'impression de ne plus avancer, que ce n'est pas exactement ce que tu voulais, que tu te demandes si tu es bien là où tu le devrais.. Dis toi que ce n'est que provisoire. N'ai pas peur de faire des choix et d'avancer.

Un jour tu LE/LA rencontreras, et tout seras clair. Plus de questions, de doutes, tu comprendras qu'il fallait en passer par là. Que si tu n'avais pas pleurer cet homme/cette femme aujourd'hui, tu n'aurais pas pu rencontrer celui/celle qui changera ta vie.

Ne cherche pas à retrouver ce que tu as perdu, attardes toi sur ce que tu vas trouver.

Dis, on fait l'amour?

Il leva les yeux, le regard emplis d'espoirs, je ne sais s'il rougissait, timidement il osa une question: "Dis, on fait l'amour?" Tel un petit enfant, il attendait le verdict.
Un mélange de pitié et d'exaspération m'envahit. Je me souvins alors, des conseils prodigués aux mamans, lors d'émissions télés diverses : se mettre à sa hauteur, rester calme, lui expliquer simplement.. Trop tard!
Non sans une pointe d'ironie, les mots m'échappèrent: "Tu es sur d'avoir été bien sage?"

Qui n'a jamais vécu, ne serait-ce qu'une fois, ce genre de situation avec un ex? Oui je dis ex, parce qu'avec une approche pareille, c'est impossible de le garder! Quand on avait 15ans à la limite..

Dans le même registre, moins pathétique, on à le traditionnel "Ca fait longtemps qu'on à pas fait l'amour!" Cette réflexion faite à haute voix, qui se veut innocente, mais qui sonne comme une incitation, voir un reproche... Je n'ai qu'une chose à répondre à ça: "ah oui" qui cache en réalité un: "c'est pas comme ça que ça arrivera plus vite"

NAN MAIS SERIEU LES MECS??? Vous n'avez pas mieux? Même un puceau timide est plus spontané!
Y'a au moins 15ans que j'ai quitté le primaire! Où sont passé le désir, la passion, le jeu? A ce niveau là, autant prendre RDV. On aura le temps de se préparer toutes seules avant!
"Tiens d'ailleurs samedi de 14h à 16h j'ai un créneau, un volontaire?

Je croyais que vous aimaient les défis, les jeux de séduction, que vous étiez des chasseurs? Vous êtes des hommes, vous êtes censés vous assumer, savoir vous imposer.

Et si l'on en croit la télé vous devez même savoir ce que l'on aime et ce que l'on attend de vous. Voir même, le savoir mieux que nous. Le but étant de nous convaincre que nous voulons vous violer, là, tout de suite!

Il existe des tonnes de manières de faire naitre l'envie.

Je sais pas moi, si vous n'avez pas bac+6 en excitation de la femme; mettez un peu d'originalité, d'humour. Faut l'embrasser à pleine bouche, tester la technique de l'homme à poil (voir how i meet your mother), la coller contre un mur, lui murmurer "j'ai envie de toi" à l'oreille... pas besoin de sortir chandelles, pétales de roses et Barry white.

On veut juste sentir qu'on vous donne envie, c'est trop demander?

Peut-on rester fidèle toute une vie?

Il existe une multitude de situations amoureuses plus ou moins compliquée, que l'on rencontre au fur et à mesure que l'on avance dans la vie. Chacune est différente, la réflexion n'est pas évidente!

Mais comme ce blog ne concerne que mon avis...

Tout d'abord, quand on est pas heureuse, il serait con de se priver! Je pense que dans ce cas précis, aller voir ailleurs est une façon de se rassurer, de voir que l'on plaît toujours. On vérifie que l'on retrouvera quelqu'un si l'on part. C'est souvent le premier pas vers la séparation.

Là où ça se complique c'est quand on est heureuse avec la personne qui partage notre vie et que l'on a aucune envie d'en changer. Alors pourquoi ne pas être fidèle?

=> Parce que l'on a passé toute sa vie avec son premier amour, on a pas de point de comparaison.
J'ai vu bon nombre de couple mariés depuis 20ans qui se sont séparé. L"époque était différente, on avait pas des dizaines de petits copains à l'adolescence, et on ne couchait pas avant le mariage. Forcément en voyant les enfants grandir, et les moeurs changer, ça donne envie de découvrir cette jeunesse que l'on a pas expérimenté.

=> Parce que sexuellement c'est pas l'extase.
La frustration peut vite dévaster un couple. On ne veut surtout pas blesser l'ego et la virilité de notre "mâle dominant" Alors on est sur les nerfs, on fait des reproches sans fonds, masquant à peine une colère enfouie et hurlant sans raison: "*-combien de fois je vais devoir te répéter qu'on jette le papier dans la poubelle jaune pour le recyclage?!!!*" avant de partir en claquant la porte. (oui oui, fais pas genre, je sais bien que tu l'as déjà fait...) Tout ça pour ne pas déballer le vrai problème. Et lui ne comprend pas ce qui nous met dans des états pareils. HYPOCRITE!!

=> Parce qu'il nous manque un petit quelque chose.
Mare de la routine, on le connaît par cœur, on a envie d'évasion, de rêver, d'être surprise..La petite boule au ventre et les papillons ont disparues.. On rêve d'aventures.

Pourtant on ne veut pas le blesser, on ne veut pas le quitter mais le goût de l'interdit est si attrayant... On veut jouer les rebelles, sentir l'adrénaline, braver les limites, vibrer à nouveau.. C'est une manière de se sentir vivante.

Il existe des couples qui ne se voilent pas la face. Ils s'aiment et sont conscient de leurs désirs. Ils font alors un compromis, une petite aventure à l'occasion est accepté par chacun. Pas besoin d'en connaître les détails. C'est une façon de voir que l'on est bien à la maison.

D'autres sont très ouvert et partagent leurs désirs et aventures, comme les libertins par exemple.

Bien sur tout le monde n'a pas forcément ce genre de pulsions.
Certains couples n'ont jamais connus d'autre partenaire. Il est donc plus difficile de ressentir un manque que l'on a pas connu.
Il y a également les romantiques, ceux qui croient au grand amour et ne vivent qu'à travers l'autre. Pour eux c'est impensable!

Et enfin ceux qui relaient le sexe au second plan. Les sentiments sont tellement plus importants que cette perte de temps!

Il nous reste donc celles qui se mentent. Malgré leurs pulsions elles s'occupent pour ne pas y penser. Souvent les codes de conduites, l'éducation, les rendent honteuses de leurs pensées. (Une image irréprochable n'est pas gage d'un bonheur sans tache)

Puis celles qui assument à moitié. On ne dit rien, pour ne pas blesser, où ne pas passer pour une déséquilibrée, mais on ne se prive pas pour le tromper.

Là encore tromper soulève de nouvelles questions:

- Avec qui? un parfait inconnu trouver via un site d'adultère? ou un homme que l'on côtoie et dont un geste, une attitude ou un mot à suffit à titiller notre curiosité?
- Pourquoi? juste du sexe à l'occasion, pour le corps sans réfléchir? une relation suivie pour la tendresse? un homme de rechange au cas où? ou un vide à combler?
- Quels sont les risques? perdre ce que l'on a? blesser l'officiel? que l'officieux devienne accro?

Comme je le disais chaque situation est différente, il en existe sûrement des centaines. Il est difficile de juger de la bonne marche à suivre. Rester, partir, tromper, chasser cette pensée...

Je pense que chacun est maître de sa vie, libre d'en faire ce qu'il veut. L'important étant d'être honnête envers soi, de se respecter et de s'épanouir. (en limitant les dommages collatéraux c'est tout de même mieux)

La vie est courte, il serait dommage de se priver pour coller aux images pré-formatées. Je ne crois pas, que suivre les images officielles que la société nous enseigne, conduise au bonheur suprême.

Qui a décidé que toutes et tous devions être heureux de la même façon?

Pourquoi les femmes ont si peu d'amants d'un soir

Y'a pas si longtemps j'ai entendu une réflexion qui m'a fait halluciner: les femmes ne couchent pas avec un inconnu car elles sont coincées. Elles tiennent plus à leur image, leur fierté.

Donc si je comprend bien, même si elles peuvent coucher sans amour, elles refusent de passer pour des salopes.

Mais.... mais...mais... QUOI????!!!!! T'es sérieux? Est ce que tous les hommes pensent ça?

Alors attention je vais faire une révélation aux hommes: si on ne couche pas avec un homme au hasard c'est principalement à cause de vous!

Si si je vous assure.

1- On sait être discrète.

Pour passer pour une salope, il faudrait que la famille/les amis/les voisins/le patron.. (rayez la mention inutile) bref que des personnes proches soient au courant. Hors un coup d'un soir par principe ne revient pas à la maison. (si peu qu'il soit venu jusque là)
On est pas forcée de lui donner des infos pour qu'il puisse aller le crier sur tous les toits: pas de facebook/nom/adresse... vas-y cherches-moi tant que tu veux.
Et il a surement autre chose à foutre!

2- C'est un fantasme assez répandu.

Un parfait inconnu, croisé au détour d'une rue. Un parfum envoutant, un sourire charmant, des yeux séduisants... Pas un seul mot échangé, juste le souvenir de deux corps qui se mêlent sans autre raison que partager un moment de plaisir commun.

3- Vous nous faites fuir.

Si demain je repère un mâle dans un bar qui correspond à mes critères de beauté, il y a fort à parier que son comportement me refroidirait illico.
Les hommes, vous êtes moins compliqués, le visuel vous suffit. Une paire de seins et ça grimpe tout seul. Y'a plus qu'à déballer la marchandise et s'en servir.

Pour nous, les femmes, l'attitude est bien plus importante: il faut nous charmer. On ne demande pas la lune. Etre poli, souriant, respectueux et honnête. (Pas besoin de nous raconter que votre copine vient de vous quitter, que vous faites pas ça d'habitude, et que vous avez besoin de réconfort. On est pas aussi connes) Il suffit d'entamer la conversation et si le courant passe la chose se fera tout naturellement.

Vous croyez vraiment que nous aborder comme des gros lourds, va nous motiver? Que le poids de votre public, nous fera plier?

- Viens avec moi, je vais te baiser comme un dieu.
- Ecarte juste les cuisses, je ferais le reste.
- Même pas une tite pipe?

C'est clair ça fait rêver. Et ce qui est con pour vous, c'est qu'avant d'atteindre le vagin, il faut convaincre le cerveau.

Alors si tu veux juste te vider les couilles, te prends pas la tête, tu as deux mains.... Si tu préfères ya de très bon sextoys pour hommes de nos jours. Essais la marque tenga!

Les relations à distance

Qui n'a jamais vécu ce genre de relation merdique? Non? Personne?

Tu sais celle ou t'es censé être en couple mais ou tu passes tes weekends toute seule devant ta télé. Quand tes potes ont jamais vu ton mec. Que tu serres ton oreiller pour pleurer car il est trop loin pour te prendre dans ses bras.

Au départ ça branche personne! Pourtant, on l'a tous vécu au moins une fois.

L'imprévu, le truc improbable, le mec rencontré en vacances, sur internet.. on fait connaissance, on tombe sous le charme et enfin: "- Au fait t'habites où?" ET LA C'EST LE DRAME! "- Mais pourquoi lui ai-je parlé? Pourquoi lui? LA vie est si cruelle!! Dieu, pourquoi me punir ainsi? Que t'ai-je fait? "

Fin bref, voilà comment ça se passe dans ton cerveau:
Etape 1: *c'est mort que ça marchera jamais.*
Etape 2: *C'est bon je suis là que 4-5jours, qu'est ce que ça coute d'en profiter?*
Etape 3: *Finalement je l'aime bien, ça pourrait peut-être marcher..
Etape 4: *L'amour est plus fort que tout*
Alors on se lance dans cette nouvelle histoire, se promettant se voir chaque fois qu'on le pourra, de s'envoyer des mails, de se skyper, s'échanger des textos chaque jour, faire l'amour au téléphone, à la cam...

Sisi on y croit, ça va le faire! Mais comme je le disais c'est MERDIQUE!

Rien ne vaut le bon vieil échange humain, la chair, le contact de la peau, d'une bouche, d'une langue... je m'égare.

Voilà comment je vois les choses: y'a 2 cas de figure.

1- Loin des yeux, loin du coeur.

=>N'est pas un proverbe bien menteur...
Tu le kiffe vraiment. Quand vous êtes ensemble tu te sens réellement bien. Le hic? Quand vous êtes à nouveau séparé il te manque quelques jours puis plus rien. Tu reprends ta vie sans lui, tes petites habitudes. Le weekend dernier? Ca te semble très irréel. Au départ tu ne t'en inquiètes pas c'est surement normal. Mais avec le temps tu regardes d'autres hommes, plus proches. Tu penses que ça serait plus simple mais tu refuses que ça aille plus loin, tu as un copain, tu respectes. Seulement, un jour, un type tentera tout de même sa chance, et tu risques de tout envoyer valser.

2- La distance est insupportable.

L'amour est vraiment fort, il y a une vraie relation de couple qui s'est installée. =>La distance te démolit à petit feu.
Tu comptes les jours qui vous sépare. Chacun fait un peu plus mal. Chaque matin à glisser la main le long d'un matelas froid te serre le coeur, voir des amoureux s'embrasser dans la rue te donne des envies de meurtres, les films de filles te font chialer... C'est juste plus vivable. Tu finis par déprimer un peu plus chaque jour, tu n'as plus le goût à rien et tu te demandes pourquoi tu continues à te lever.

Bien sur y'a quand même des avantages:

Il ne risque pas de fouiller dans ton téléphone/PC.
Tu peux manger ce que tu veux il n'est pas là pour surveiller.
Tu peux mentir sur ce que tu fais et avec qui.
Il ne risque pas de débarquer sans prévenir quand il ne faut pas.
 Mais, on est d'accord, à moins de sortir avec un jaloux/psychopathe et d'être infidèle on s'en tape de tout ça.

Mais alors, quelles sont les solutions?

- Ne rien commencer. "- Désolé mec, je passe mon tour."
- Garder des distances raisonnables le temps de prendre la température."- On teste 5-6 mois et on voit?"
- Tout quitter pour vivre cette nouvelle relation."- Fais de la place chéri, j'arrive!"

Je ne dis pas que toutes les relations à distance sont vouées à l'échec. Mais je suis certaine que nous avons tous un ratio besoin/patience/absence à ne pas dépasser. Au delà, on court droit à la rupture.
Avoir un but commun, savoir où l'on va, me semble être relativement important pour garantir une fin heureuse. Etre prêt à faire des concessions et ne pas faire durer trop longtemps également.

C'est à chacun de voir ce qu'il est prêt à concéder et le temps qu'il pourra l'endurer.

La vie peut être très ironique, l'absence avec le temps, devient quelque chose de très présent.

Oui, je veux morebooks!

i want morebooks!

Buy your books fast and straightforward online - at one of world's fastest growing online book stores! Environmentally sound due to Print-on-Demand technologies.

Buy your books online at
www.get-morebooks.com

Achetez vos livres en ligne, vite et bien, sur l'une des librairies en ligne les plus performantes au monde!
En protégeant nos ressources et notre environnement grâce à l'impression à la demande.

La librairie en ligne pour acheter plus vite
www.morebooks.fr

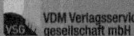

VDM Verlagsservicegesellschaft mbH
Heinrich-Böcking-Str. 6-8   Telefon: +49 681 3720 174   info@vdm-vsg.de
D - 66121 Saarbrücken   Telefax: +49 681 3720 1749   www.vdm-vsg.de

www.ingramcontent.com/pod-product-compliance
Lightning Source LLC
Chambersburg PA
CBHW031255230426
43670CB00005B/192